David Molch

Der Virtualisierungstechnologie auf der Spur

Grundlagen zur Einführung

disserta Verlag

**Molch, David: Der Virtualisierungstechnologie auf der Spur: Grundlagen zur Einführung,
Hamburg, disserta Verlag, 2014**

Buch-ISBN: 978-3-95425-642-6
PDF-eBook-ISBN: 978-3-95425-643-3
Druck/Herstellung: disserta Verlag, Hamburg, 2014

Bibliografische Information der Deutschen Nationalbibliothek:
Die Deutsche Nationalbibliothek verzeichnet diese Publikation in der Deutschen
Nationalbibliografie; detaillierte bibliografische Daten sind im Internet über
http://dnb.d-nb.de abrufbar.

© disserta Verlag, Imprint der Diplomica Verlag GmbH
Hermannstal 119k, 22119 Hamburg
http://www.disserta-verlag.de, Hamburg 2014
Printed in Germany

Referat

Die vorliegende Studie untersucht die mannigfaltigen Konzepte der Virtualisierung. Nach einer Einführung in die Geschichte der Virtualisierungstechnologie werden allgemein gültige Grundlagen und formale Definitionen aufgeführt. Anschließend wird ein Überblick zu den Entwürfen und Funktionsweisen der Virtualisierung gegeben. Es folgt eine Beschreibung der Anwendungsgebiete sowie einige praktische Verwirklichungen, die im Detail beleuchtet werden. Danach werden in der Zusammenfassung die Erkenntnisse dieser Studie und des Versuches diskutiert. Zuletzt erfolgt der Bedarf und Ausblick zur Virtualisierung wobei zukünftige Entwicklungen betrachtet werden.

Einen Schwerpunkt dieser Studie bildet der Entwurf eines Versuches. Dieser soll praktisch in das Konzept der Virtualisierung einführen und elementares Wissen über Funktionen und Vorgehensweisen des Themenkomplexes vermitteln. Dabei bildet die Virtualisierungslösung „VMware Workstation" die Grundlage für den Versuch. Die im Versuch gewonnenen Erkenntnisse über die Realisierung und Einrichtung einer virtuellen Maschine eignen sich, um das Prinzip der Virtualisierung zu veranschaulichen.

Inhaltsverzeichnis

Abbildungsverzeichnis 11

Abbildungsquellen 13

Tabellenverzeichnis 17

Abkürzungsverzeichnis 18

1   Einleitung 21

2   Grundlagen der Virtualisierung 22

2.1   Historische Betrachtung der Virtualisierung 22

2.2   Charakteristik einer virtuellen Maschine 25

2.3   Prinzip der Virtualisierung 26

2.4   Arten von Virtualisierungen 27

    2.4.1   Emulation 27

    2.4.2   Para-Virtualisierung 29

    2.4.3   Vollständige Virtualisierung 30

    2.4.4   Pre-Virtualisierung 32

    2.4.5   Rekursive Virtualisierung 32

2.5   Virtualisierung auf Hardwareebene 35

    2.5.1   Virtualisierung der x86-Architektur 35

        2.5.1.1   Virtualisierung auf Prozessorebene 36

        2.5.1.2   Intel Vanderpool 40

        2.5.1.3   AMD Pacifica 43

    2.5.2   Virtualisierung des Speichers 45

2.6   Problematik der Softwarevirtualisierung 47

2.7   Architektur einer virtuellen Maschine 49

    2.7.1   Typ I: Native Architektur 49

    2.7.2   Typ II: Host Architektur 51

    2.7.3   Typ III: Hybride Architektur 52

2.8   Funktionsweise der Virtualisierung 54

    2.8.1   Funktionsweise des Hypervisors 54

    2.8.2   Virtualisierung am Beispiel VMware 56

2.9   Vor- und Nachteile der Virtualisierung 60

    2.9.1   Vorteile der Virtualisierung 60

2.9.2 Nachteile der Virtualisierung 62

2.10 Stand der Entwicklung 63

2.11 Validität der Virtualisierung... 68

3 Anwendungsbereiche der Virtualisierung.. **71**

3.1 Einsatzmöglichkeiten und Einsatzgebiete 71

3.2 Praktische Anwendungen in der Industrie 73

4 Versuch Virtualisierung.. **76**

4.1 Ziel des Versuches 76

4.2 Voraussetzungen 76

4.3 Versuchsvorbereitung... 78

4.4 Beschreibung der Aufgaben 81

4.5 Ausblick 87

5 Zusammenfassung **89**

6 Bedarf und Ausblick... **92**

Literaturverzeichnis.. **95**

Glossar... **103**

Anhang A Versuch zur Virtualisierung **109**

Anhang B Versuchsauswertung... **144**

Anhang C Virtualisierungslösungen im Überblick...................................... **152**

Anhang D Programmierung der Automatismen.. **155**

Abbildungsverzeichnis

Abbildung 2-1: Darstellung einer API-Emulation. 28

Abbildung 2-2: Darstellung der Emulation einer kompletten Rechnermaschine................. 29

Abbildung 2-3: Para-Virtualisierung mit „Hypervisor" und modifizierten
Betriebssystemkernel 30

Abbildung 2-4: Vollständige Virtualisierung mittels „Hypervisor" 31

Abbildung 2-5: Exponentieller Slowdown durch die Emulation privilegierter Befehle in
einer konventionellen virtuellen Maschine.. 33

Abbildung 2-6: Vergleich des konventionellen Prozessmodells mit dem rekursiven
Prozessmodell 34

Abbildung 2-7: Privilegierungsstufen der x86-Architektur 36

Abbildung 2-8: Zeitliche Betrachtung eines „Exception Handlings" 37

Abbildung 2-9: Gegenüberstellung des „Goldberg-Popek-Theorems" und einer nicht-
virtualiserbaren x86-Architektur.. 38

Abbildung 2-10: Darstellung der „Virtual Machine Control Structur" 41

Abbildung 2-11: Kontextwechsel auf Prozessorebene unter zeitlichem Gesichtspunkt 43

Abbildung 2-12: Schematische Darstellung des Konzepts zur Virtualisierung des
Speichers 46

Abbildung 2-13: Privilegierungsstufen nach der Virtualisierung 48

Abbildung 2-14: „Typ I Architektur" einer Virtualisierungsumgebung mit „Hypervisor" 50

Abbildung 2-15: „Typ II Architektur" einer Virtualisierungsumgebung mit Host-System und
„Hypervisor".. 51

Abbildung 2-16: „Typ III Architektur" mit Host-System und „Hypervisor"......................... 53

Abbildung 2-17: Bestandteile des „Hypervisors" 55

Abbildung 2-18: Temperaturregulierung infolge der Verteilung von Instruktionen auf die
Prozessoren 64

Abbildung 2-19: Energiemanagement mittels VM Scheduler 65

Abbildung 2-20: Methodik der Pre-Virtualisierungstechnik... 67

Abbildung A-1: Darstellung des Bildschirmaufbaus der „VMware Workstation"............. 112

Abbildung A-2: Gesamtübersicht der „VMware Workstation" einschließlich der
integrierten virtuellen Maschinen von Windows und Linux 114

Abbildung A-3: Verzeichnisstruktur des Shared Folder im Explorer............................... 115

Abbildung A-4: Anzeige der Informationen über das erstellte Laufwerk........................... 117

Abbildung A-5: Momentaufnahmen in einem linearen Prozess 119

Abbildung A-6: Momentaufnahmen in einem Prozessbaum 120

Abbildung A-7: Anzeige des abgeschlossenen Vorgangs des Klonens virtueller Systeme. 121

Abbildung A-8: Darstellung eines Bridged-Netzwerks 123

Abbildung A-9: Einfache Darstellung einer NAT 124

Abbildung A-10: Illustration eines Host-Only-Netzwerks 125

Abbildung A-11: Mögliche Szenarien einer Migration 126

Abbildung C-1: Übersicht zu den mannigfaltigen Virtualisierungsarten unter dem Aspekt
                der Virtualisierungsarchitektur. 152

Abbildungsquellen

Abbildung 2-1: Darstellung einer API-Emulation. URL: <http://www.lrr.in.tum.de/~stod
den/teaching/sem/virt/ss06/doc/virt06-07-20060531-kern-sld%20-%20Para
virtualisierung.pdf>, verfügbar am 28.10.06

Abbildung 2-2: Darstellung der Emulation einer kompletten Rechnermaschine.
URL: <http://www.lrr.in.tum.de/~stodden/teaching /sem/virt/ss06/
doc/virt06-07-20060531-kern-sld%20-%20Paravirtualisierung.pdf>,
verfügbar am 28.10.06

Abbildung 2-3: Para-Virtualisierung mit „Hypervisor" und modifizierten Betriebssystemkernel. URL: <http://www.lrr.in.tum.de/~stodden/teaching/ sem/virt/ss06/
doc/virt06-07-20060531-kern-sld%20-%20 Paravirtualisierung.pdf>,
verfügbar am 28.10.06

Abbildung 2-4: Vollständige Virtualisierung mittels „Hypervisor". URL: <http://www.lrr.
in.tum.de/~stodden/teaching/sem/virt/ss06/doc/virt06-07-20060531-kern-
sld%20-%20Paravirtualisierung.pdf>, verfügbar am 28.10.06

Abbildung 2-5: Exponentieller Slowdown durch die Emulation privilegierter Befehle in einer
konventionellen virtuellen Maschine. URL: <http://www4.informatik.uni-
erlangen.de/DE/Lehre/WS97/HS_OSRES/ flux/Ausarbeitung.ps>,
verfügbar am 20.10.06

Abbildung 2-6: Vergleich des konventionellen Prozessmodells mit dem rekursiven Prozessmodell. Quelle: eigene Darstellung, verfasst am am 29.12.06

Abbildung 2-7: Privilegierungsstufen der x86-Architektur. URL: <http://www.lrr.in.tum.de/
~stodden/teaching/sem/virt/ss06/doc/virt06-07-20060531-kern- sld%20-%20
Paravirtualisierung.pdf>, verfügbar am 28.10.06

Abbildung 2-8: Zeitliche Betrachtung eines „Exception Handlings". Bearbeitet aus:
<http://i30www.ira.uka.de/teaching/coursedocuments/130/mkc-09-except
interupt.pdf>, verfügbar am 03.01.07

Abbildung 2-9: Gegenüberstellung des „Goldberg-Popek Theorems" und einer nicht-
virtualiserbaren x86-Architektur. URL: <http://www.lrr.in.tum.de/~stodden
/teaching/sem/virt/ss06/doc/virt06-07-20060531-kern-sld%20-%20Para
virtualisierung.pdf>, verfügbar am 28.10.06

Abbildung 2-10: Darstellung der „Virtual Machine Control Structur". Bearbeitet aus:
<http://www.lrr.in.tum.de/~stodden/teaching/sem/virt/ ss06/doc/virt06-07-
20060531-kern-sld%20-20Paravirtualisierung.pdf>,
verfügbar am 28.10.06

Abbildung 2-11: Kontextwechsel auf Prozessorebene unter zeitlichem Gesichtspunkt.
Bearbeitet aus: <http://www.lrr.in.tum.de/~stodden/teaching/sem/virt/ ss06
/doc/virt06-07-20060531-kern-sld%20-20Paravirtualisierung.pdf>,
verfügbar am 28.10.06

Abbildung 2-12: Schematische Darstellung des Konzepts zur Virtualisierung des Speichers.
URL: <http://www13.in.tum.de/lehre/seminare/WS0203/hauptsem/
Vortrag9_VM_Ausarbeitung_Verbessert.pdf>,
verfügbar am 28.10.06

Abbildung 2-13: Privilegierungsstufen nach der Virtualisierung. URL: <http://www.lrr.
in.tum.de/~stodden/teaching/sem/virt/ss06/doc/virt06-07-20060531-kern-
sld%20-%20Paravirtualisierung.pdf>, verfügbar am 28.10.06

Abbildung 2-14: „Typ I Architektur" einer Virtualisierungsumgebung mit „Hypervisor".
URL: <http://www.lrr.in.tum.de/~stodden/teaching/sem/virt/ss06/doc/
virt06-07-20060531-kern-sld%20-%20Paravirtualisierung.pdf>,
verfügbar am 28.10.06

Abbildung 2-15: „Typ II Architektur" einer Virtualisierungsumgebung mit Host-System und „Hypervisor". URL: <http://www.lrr.in.tum.de/~stodden/teaching/ sem/virt/ss06/doc/virt06-07-20060531-kern-sld%20-%20Para virtualisierung.pdf>,verfügbar am 28.10.06

Abbildung 2-16: „Typ III Architektur" mit Host-System und „Hypervisor". URL: <http://www.lrr.in.tum.de/~stodden/teaching/sem/virt/ss06/doc/ virt06-07-20060531-kern-sld%20-%20Paravirtualisierung.pdf>, verfügbar am 28.10.06

Abbildung 2-17: Bestandteile des „Hypervisors". URL: <http://www.lrr.in.tum.de/ ~stodden/teaching/sem/virt/ss06/doc/virt06-06-20060524-klitzing-doc %20-%20System%20VMs.pdf>, verfügbar am 17.10.06

Abbildung 2-18: Temperaturregulierung infolge der Verteilung von Instruktionen auf die Prozessoren. URL:<http://i30www.ira.uka.de/research/ documents/pm/2006 /eapm_poster.abstract.pdf>, verfügbar am 13.10.06

Abbildung 2-19: Energiemanagement mittels VM Scheduler. URL:<http://i30www.ira. uka.de/research/documents/pm/2006/eapm_poster.abstract.pdf>, verfügbar am 13.10.06

Abbildung 2-20: Methodik der Pre-Virtualisierungstechnik. URL:<http://l4ka.org/projects /virtualization/afterburn/previrtualization.pdf>, verfügbar am 13.10.06

Abbildung A-1: Darstellung des Bildschirmaufbaus der „VMware Workstation". Quelle: <eigene Darstellung>, verfasst am 26.12.06

Abbildung A-2: Gesamtübersicht der „VMware Workstation" einschließlich der integrierten virtuellen Maschinen von „Windows" und Linux. Quelle: <eigene Darstellung>, verfasst am 28.09.06

Abbildung A-3: Verzeichnisstruktur des Shared Folder im Explorer.
Quelle: <eigene Darstellung>, verfasst am 28.09.06

Abbildung A-4: Anzeige der Informationen über das erstellte Laufwerk.
Quelle: <eigene Darstellung>, verfasst am 28.09.06

Abbildung A-5: Momentaufnahmen in einem linearen Prozess. Quelle: <eigene Darstellung>,
verfasst am 03.10.06

Abbildung A-6: Momentaufnahmen in einem Prozessbaum. Quelle: <eigene Darstellung>,
verfasst am 03.10.06

Abbildung A-7: Anzeige des abgeschlossenen Vorgangs des Klonens virtueller Systeme.
Quelle: <eigene Darstellung>, verfasst am 06.10.06

Abbildung A-8: Darstellung eines Bridged-Netzwerks. URL:<http://www.vmware.com/
de/pdf/ws55_manual_de.pdf>, verfügbar am 09.10.06

Abbildung A-9: Einfache Darstellung einer NAT. URL:<http://www.vmware.com/de
/pdf/ws55_manual_de.pdf>, verfügbar am 09.10.06

Abbildung A-10: Illustration eines Host-Only-Netzwerks. URL:<http://www.vmware.com
/de/pdf/ws55_manual_de.pdf>, verfügbar am 11.10.06

Abbildung A-11: Mögliche Szenarien einer Migration. URL:<http//www.vmware.com/
products/beta/converter/converter.gif>, verfügbar am 16.10.06

Abbildung C-1: Übersicht zu den mannigfaltigen Virtualisierungsarten unter dem Aspekt der
Virtualisierungsarchitektur. Bearbeitet aus: <http://l4ka.org/publications
/2005/previrtualization-techreport.pdf>, verfügbar am 09.11.2006

Tabellenverzeichnis

Tabelle B-1: Gegenüberstellung der Systemkomponenten des Host- und Gast-Systems ... 144

Tabelle B-2: Vergleich des virtuellen Systems vor und nach der Installation der „VMware-Tools" 145

Tabelle B-3: Gegenüberstellung der Leistung des realen und des virtuellen Systems 147

Tabelle B-4: Speicherbedarf der konzipierten virtuellen Festplatten 148

Tabelle C-1: Virtualisierungslösung im Überblick 153

Abkürzungsverzeichnis

ABI	Application Binary Interface
AG	Aktiengesellschaft
AMD	Advanced Micro Devices
API	Application Programming Interface
BIOS	Basic Input Output System
CPL	Current Privilege Level
CPU	Central Processing Unit
CPUID	Central Processing Unit Identification
CR4	Control Register 4
DDR	Double Data Rate
DHCP	Dynamic Host Configuration Protocol
DMA	Direct Memory Access
DMTF	Distributed Management Task Force
DMZ	Demilitarized Zone
DVD	Digital Versatile Disc
EAX	Extended Accumulator Register
ECX	Extended Count Register
EFER	Extended Feature Enable Register
ERP	Enterprise Ressource Planning
GB	Gigabyte
GDT	Globale Deskriptor Tabelle
GHz	Gigahertz
HP	Hewlett-Packard
IA	Intel Architecture
IBM	International Business Machines
IDE	Integrated Device Electronics
IDT	Interrupt Deskriptor Table
INT3	Interrupt 3
IPVMM	In-Place Virtual Machine Monitor
ISA	Instruction Set Architecture
JVM	Java Virtual Machine
LAN	Local Area Network
LDT	Lokale Deskriptor Tabelle

MB	Megabyte
MIT	Massachusetts Institute of Technology
MMU	Memory Management Unit
MSR	Machine Specific Register
NAT	Netzwerkadressübersetzung (Network Address Translation)
NPT	Nested Page Tables
NTFS	New Technology File System
PM	Protected Mode
QoS	Quality of Service
RAM	Random Access Memory
ROM	Read Only Memory
RM	Real Mode
SAN	Storage Area Network
SBE	Scan Before Execution
SMP	Virtual Symmetrisches Multiprozessorsystem
SUN	Stanford University Network
SVM	Secure Virtual Machine
TCO	Total Cost of Ownership
TLB	Translation Lookaside Buffer
UML	User Mode Linux
USA	United States of America
USB	Universal Serial Bus
VM	Virtuelle Maschine
VM86	Virtual Mode 8086
VMCB	Virtual Machine Control Block
VMCS	Virtual-Machine Control Structur
VMHI	VMware Hypercall Interface
VMI	Virtual Machine Interface
VMM	Virtueller Maschinen Monitor
VMX	Virtual Machine Extensions
VT	Virtualization Technology
VT-i	Virtualization Technology for Itanium-Architecture
VT-x	Virtualization Technology for IA-32 x86-Architecture

1 Einleitung

„If it's there and you can see it - it's REAL
If it's there and you can't see it - it's TRANSPARENT
If it's not there and you can see it - it's VIRTUAL
If it's not there and you can't see it - it's GONE!"

Roy Wilks, 1983

Die Entwicklung der Menschheit wird signifikant von der Entwicklung des technologischen Fortschritts beeinflusst. Betrachtet man dabei den Menschen unter dem Aspekt der technologischen Entwicklung, so kann man feststellen, dass diese immer schneller voranschreitet. Folglich tangiert der Bereich der realisierbaren Lösungen immer öfters das Grenzgebiet des verfahrenstechnisch Möglichen.

Besonders im Bereich der Informationstechnologie, wo der technologische Fortschritt außerordentlich schnell voranschreitet, erfährt man immer öfters die Grenzen von Physik und Informatik. Infolge dessen wurden Überlegungen getätigt, um diese Probleme auf alternativen Wegen zu lösen. Einer dieser Wege führt über die Virtualisierung. Diese eigentlich recht alte Disziplin der Informationstechnologie entwickelt sich seit kürzester Zeit zum Anziehungspunkt für Problemerkennung, Problemlösung und Optimierung.

Die Probleme der Informationstechnologie sind durch die ständig schnellere Entwicklung des technologischen Fortschritts mannigfaltig. Sie reichen von Fragen über das optimale Sizing, Migration bis hin zur optimalen Ausnutzung der Rechnerkapazität. Dabei birgt die Virtualisierung Vorteile wie Desaster-Recovery-Backups, Migrationsautomatisierungen, Speicher-virtualisierung im Storage Area Network (SAN), Applikationsvirtualisierung, Plattformunabhängigkeit, Kosten- und Platzersparnis, um nur einige Vorteile zu nennen. Dieses Potential der Virtualisierung wurde erkannt und in Folge entwickelten sich Ansätze, die durch verschiedenste Hersteller realisiert werden.

Die Virtualisierung ist sicherlich ein Konzept, welches die Entwicklung in vielen Bereichen der Informationstechnologie beschleunigen wird. Man spricht sogar davon, dass die Virtualisierung die Informationstechnologie revolutionieren könnte. Sie wird aber sicherlich die nächsten Jahre das bestimmende Thema sein. Das Konzept der Virtualisierung macht sich dabei das Know-how von Gebieten der Informatik, Informationstechnologie und Kommunikationstechnik zunutze, wobei mehrere Bereiche der genannten Gebiete ineinander über-gehen.

2 Grundlagen der Virtualisierung

2.1 Historische Betrachtung der Virtualisierung

Im Folgenden werden die verschiedenen Stufen der Entstehungsgeschichte der Virtualisierung bis hin zur heutigen technologischen Entwicklung vorgestellt und dabei die Konzepte und Besonderheiten der Virtualisierung angesprochen.

Die Idee von der Virtualisierung begann am 20. Juni 1959 mit der Abhandlung „Time Sharing in Large Fast Computers" von Christopher Strachey, einem englischen Pionier auf dem Gebiet der Computerwissenschaft [1]. In der Publikation wird ein System beschrieben, welches aus einem Prozessor besteht und Programme linear folgend bearbeitet. Greift ein Programm auf die Peripherie des Computers zu, so wird ein Kontextwechsel durchgeführt und das nächste Programm wird bis zu einem erneuten Zugriff auf die Peripherie abgearbeitet. Strachey schildert in der Abhandlung einen logischen Prozessor, auf dem Programme wie auf einem realen Prozessor gestartet werden können. Ein Scheduler ordnet dann den logischen dem physikalischen Prozessor zu.

Drei Jahre später, am 7. Dezember 1962 wurde in Manchester der ATLAS Computer als rechenstärkster Computer der Welt eingeweiht. Dieser beinhaltete einen einstufigen virtuellen Speicher mit „Demand Paging". Bei Letzterem handelt es sich um eine Technologie, bei der ein Zugriff auf eine Speicherseite erfolgt, die nicht im Hauptspeicher, sondern im Auslagerungsspeicher abliegt. Zudem werden die Seiten nur dann in den Speicher geladen, insofern diese benötigt werden. Wenn sich auf einer virtuellen Maschine ein Betriebssystem befindet, welches selber „Paged", entsteht eine zweite Stufe des „Paging", was Verzöge-rungen mit sich führt. Durch das einfache „Demand Paging" konnte der Hauptspeicher virtualisiert werden, was bei dem ATLAS Computer zu einer Kosteneinsparung führte.

Später in den 60er Jahren folgte der Entwurf des M44/44X-Projektes, welches im IBM Watson Research Center (Cambridge, USA) durchgeführt wurde. Dabei dient eine IBM 7044 als Hauptrechner, auf dem mehrere virtuelle Maschinen (VM) des Typs IBM 7044 ausgeführt wurden. Weitere Entwicklungen zu virtualisierten Maschinen wurden auf der Mainframe-Ebene mit dem CP/CMS-40 und dem VM/370 (offiziell: Virtual Machine Facility/370) von IBM (Armonk, USA) verfolgt, wobei „CP" für „Control Program" und „CMS" für „Console Monitor System" steht [11].

Dieses am Massachusetts Institute of Technology (MIT) realisierte Projekt stellt, geschichtlich betrachtet, die erste virtuelle Maschine dar. Dabei lehnte sich das Prinzip an ein Multi-User-System an, welches mehrere Kopien von Single-User-Systemen in virtuellen Maschinen ausführt. Die darunter liegende Hardware wurde damit in den virtuellen Maschinen abstrahiert. Der Befehlssatz, ein weiteres essentielles Axiom der Virtualisierungsarchitektur, konnte in privilegierte und unprivilegierte Instruktionen differenziert werden. Ein weiterer Bestandteil dieser Architektur war das Aufteilen der Hardwareressourcen. Hierzu musste eine Instanz die Kontrolle übernehmen, welche dem heutigen „Virtuellen Maschinen Monitor" (VMM), auch „Hypervisor" genannt, gleichsteht. Die Abstrahierung von physischen auf virtuelle Speicheradressen wurde durch die Implementierung einer virtuellen Speicherverwaltung realisiert. Die beschriebene Vorgehensweise findet auch heute noch in modernen Betriebssystemen Anwendung.

Eine der ersten theoretischen Arbeiten zur Virtualisierung stellte Robert P. Goldberg mit seiner Doktorarbeit „Architectural Principles of Virtual Machines" im Februar 1972 vor [2]. Darin wurden die grundsätzlichen Elemente einer virtuellen Maschine definiert und als effizientes Duplikat einer realen Maschine beschrieben. Die Verteilung der Ressourcen wird durch den „VMM" reguliert. Darüber hinaus wurde zum Beispiel die Trennung der Befehlssätze in sensitive und nicht-sensitive Instruktionen differenziert. Diese werden als solche vom „Virtuellen Maschinen Monitor" behandelt oder direkt von der Hardware ausgeführt. Einen wichtigen Punkt bildet dabei die Isolation zwischen den virtuellen Maschinen. Es ist ungewiss, ob sich die Entwicklung der Virtualisierung ohne den formalen Beweis von Robert P. Goldberg ebenso vollzogen hätte. Ansätze zu dieser Konzeption finden sich auch in Auszügen der Arbeit „The evolution of virtual machine architecture" von Ugo O. Gagliardi und J. P. Buzen, welche im Jahr 1972 verfasst wurde [3]. Weitere theoretische wissenschaftliche Arbeiten zur Thematik Virtualisierung folgten im Juli 1974 von Gerald J. Popek und Robert P. Goldberg mit der Ausarbeitung „Formal Requirements for Virtualizable Third Generation Architectures" [4].

Bis zum Jahr 1977 war eine virtuelle Maschine üblicherweise eine Kopie einer realen Maschine. Die von Kenneth Bowles entwickelte Pseudo-Maschine (P-Maschine) änderte diesen Zustand. Allerdings ist anzuführen, dass diese Maschine nie konzipiert wurde, jedoch theoretisch existieren kann. Das Prinzip der P-Maschine gründet sich auf die Entwicklung eines Emulators, der die Funktionalität anderer Rechenmaschinen nachbildet. Dabei konnten die Programme auf der Emulation ausgeführt werden. Zudem kann durch dieses Konzept

Portabilität erreicht werden, womit solche Emulatoren für verschiedene Plattformen zur Verfügung stehen.

Die 1991 von Sun Microsystems Inc. (Santa Clara, USA) entwickelte und sehr verbreitete „Java Virtual Machine" (JVM) agiert ähnlich der P-Maschine. Die JVM wird auf einem realen Rechner emuliert, arbeitet aber direkt mit dem Java-Bytecode. Mit „Java Virtual Machine" konnten erstmals die Vorteile des Maschinencodes mit dem Aspekt der interpretierten Sprachen verbunden werden. Dieses Konzept stellt heutzutage eine sehr effiziente und schnelle Emulation sowie eine sehr gute Portabilität dar. Konträr zur JVM konnte das 1997 entwickelte Konzept des JEM1-Mikroprozessors den Java-Bytecode ohne Emulation direkt verarbeiten. Dabei stellt die von Rockwell Collins Inc. (Cedar Rapid, USA) konzipierte

Methode eine so genannte „Java Real Machine" dar. In Zukunft könnte es möglich sein, gänzlich auf Java Interpreter und Compiler zu verzichten, wodurch die Geschwindigkeit

erheblich verbessert wird [50].

Den nächsten entscheidenden Punkt in der Entwicklung der Virtualisierung stellt die im Jahr 1993 von Sun Microsystems Inc. vorgestellte Software „Wabi" dar. Durch das „Windows Application Binary Interface" konnte erstmalig Software ohne Veränderungen auf einem nicht proprietären Betriebssystem verwendet werden. Weiterhin war es möglich, Programme auf einer anderen Architektur als der ursprünglich geplanten einzusetzen. Dieser völlig neuartige Virtualisierungsansatz konnte dabei Windows-Programme direkt unter dem Betriebssystem Solaris sowohl auf der x86- als auch auf der SPARC-Plattform (Scalable Processor ARChitecture) ausführen. Dazu war eine Zwischenschicht erforderlich, die Windows-Systemaufrufe interpretieren konnte. Auch wenn auf einem SPARC-Prozessor ein x86-Emulator verwendet wurde, konnte in einer x86-Architektur der restliche Code direkt ausgeführt werden. Es war folglich keine Emulation in der x86-Architektur erforderlich.

Einen ähnlichen Schritt in diese Richtung setze das im Jahr 1993 formierte Wine-Projekt (WINE Is Not an Emulator), welches ursprünglich unter der MIT-Lizenz veröffentlicht wurde. Dabei war der Ansatz, Windows 3.1 Programme unter Linux auszuführen. Ein signifikanter Unterschied zu dem Konzept der Software Wabi ist die hier als Prämisse benötigte x86-Architektur. Diese ist ein Erfordernis, da keine Emulatorschicht verwendet wird. Inzwischen hat sich die Software so weit entwickelt, dass selbst Aufrufe in speziellen Bibliotheken unter Linux ohne Performanceverlust ausgeführt werden können. Zudem besteht in diesem Konzept die Möglichkeit, auf freigegebene Verzeichnisse oder Geräte zuzugreifen.

24

Dabei ist eine Speichervirtualisierung notwendig, um Konflikte im gleichen Speicherraum zu verhindern sowie das unerlaubte Zugreifen in diesem zu unterbinden.

Der Programmierer Jeff Dike machte im Jahr 1999 mit seinem Linux Patch einen weiteren bedeutenden Schritt. Mit einem modifizierten Kernel des Linux-Betriebssystems war es nun möglich, diesen als unprivilegierten Prozess zu gestalten. Seine Entwicklung nannte er anschließend „User Mode Linux" (UML). Mit UML konnten folglich mehrere Instanzen eines Linux-Betriebssystems gleichzeitig auf derselben Architektur ausgeführt werden. Dabei bietet diese Methode mehrere Vorteile. Zum einen entfällt eine umständliche Migration auf

einen dedizierten Testrechner und die Fehlersuche bei der Kompilierung von Programmen ist nun wesentlich einfacher zu gestalten. Zum anderen ist ein weiterer positiver Aspekt der

Kostenfaktor, da UML lizenzkostenfrei verwendet werden kann.

Im Jahr 1999 präsentierte „VMware" (Palo Alto, USA) die „VMware Workstation". Dies stellt einen weiteren Abschnitt in der Entwicklung der Virtualisierung dar. Dabei sorgte die von „VMware" vorgestellte Virtualisierungslösung für große Aufregung in der Öffentlichkeit, da bis zum damaligen Zeitpunkt die Virtualisierung einer x86-Architektur als undenkbar galt. Dem sollte hinzugefügt werden, dass erstmalig unter dem Aspekt einer performanten Umgebung ein vollständiger x86-Computer auf einem anderen x86-System virtualisiert werden konnte. Neben einem BIOS (Basic Input Output System) kann die Virtualisierungslösung eigene virtuelle Hardware bereitstellen, die unter dem Einfluss bestimmter Restriktionen Verwendung findet. Es handelt sich bei diesem Programm um eine kommerzielle geschlossene Virtualisierungslösung.

2.2 Charakteristik einer virtuellen Maschine

In diesem Abschnitt werden die signifikanten Eigenschaften einer virtuellen Maschine zum besseren Verständnis gegliedert. Die Charakteristiken basieren auf den Entwicklungen der VM/370, der ersten virtuellen Maschine der Welt. Zudem werden einige der hier vorgestellten theoretischen Ansätze in der Arbeit „Architectural Principles of Virtual Machines" von Robert P. Goldberg beschrieben [3].

- Eine virtuelle Maschine ist das Abbild eines realen Systems. Der „Hypervisor" generiert dabei die Umgebung der virtuellen Systeme. Das in einer virtuellen Maschi-

ne befindliche Programm soll sich ebenso verhalten, wie in einem äquivalenten realen System [23].

- Der auf dem realen System eingesetzte „Hypervisor" besitzt die Kontrolle über die virtuelle Maschine.

- Zwei Systeme sind identisch, wenn von diesen eine bijektive isomorphe Abbildung besteht. Von einer Kongruenz der Systeme (Duplikat) spricht man, wenn diese strukturgleich und umkehrbar eindeutig sind.

- Es können auf einer virtuellen Maschine mannigfache Betriebssysteme parallel respektive gleichzeitig auf einer isolierten Maschine verwendet werden.

- Mehrere Benutzer eines Systems können auf eine Maschine zugreifen. Dabei soll der Eindruck entstehen, dass die Nutzer einen exklusiven Zugriff auf das virtuelle System besitzen [22].

- Der Speicherbereich einer virtuellen Maschine bleibt dem jeweiligen System vorbehal-ten. Das heißt, keine Maschine kann auf den Speicherbereich der anderen zugreifen.

2.3 Prinzip der Virtualisierung

Das Axiom der Virtualisierung ist das Emulieren von identischen Ausführungsumgebungen. Mittels der Simulation werden alle internen Zustände eines Systems abgebildet. Emulation und Simulation beschreiben dabei völlig konträre Methoden [58]. Ein Simulator imitiert möglichst genau den internen Zustand des Systems, wie beispielsweise einen Algorithmus zur Abarbeitung von Instruktionen oder ein taktzyklengenaues Verhalten. Ein Emulator hingegen beachtet den internen Vorgang eines Systems nur soweit wie erforderlich [4].

Das heißt, für einige Funktionen sind Abkürzungen möglich, da dieser ergebnisorientiert arbeitet. Die Ausführungsumgebung kann aus mannigfachen Systemkomponenten wie Prozessoren, Festplatten oder Netzwerkkarten bestehen [48]. Die virtuell erzeugten Systeme existieren isoliert voneinander. Das Ziel einer Disjunktion ist das Ausführen von mannigfalti-gen Betriebssystemen auf einer realen Rechnerarchitektur. Die virtualisierten Systeme existieren ohne die Erkenntnis virtualisiert zu werden.

2.4 Arten von Virtualisierungen

In der Virtualisierung existieren mannigfaltige Verfahren auf Softwareebene. In dem folgenden Kapitel wird in einem ersten Punkt auf die artverwandten Technologien eingegangen. Dies soll zum besseren Verständnis beitragen. Danach werden die essentiellen Ausprägungen der Virtualisierungstechnologie definiert. Eine in den Konzeptionen der Virtualisierung inhärente Unterteilung ist die Unterscheidung in Para-Virtualisierung, vollständige Virtualisierung, Pre-Virtualisierung und Rekursive Virtualisierung. Aus dem Spektrum der Virtualisierung auf Softwareebene finden derzeit zwei Arten vermehrt Anwendung in den Virtualisierungslösungen und in der Industrie. Hier kann die Para-Virtualisierung und die vollständige Virtualisierung genannt werden.

2.4.1 Emulation

Grundsätzlich kann man die Emulation in zwei Teilbereiche differenzieren. Ein erstes Gebiet stellt dabei die Emulation einer „Application Programming Interface" (API) dar, wobei der Sektor der Anwendungsprogrammem wie in Abbildung 2-1 dargestellt fokussiert wird [6]. Gleichzeitig hat das Betriebssystem eine eher untergeordnete Existenz bei dieser Methode. Besteht also die Notwendigkeit, keine weiteren Betriebssysteme einzusetzen, ist nur die Emulation der API des zu verwendenden Betriebssystems erforderlich. Hierbei können die Anwendungsprogramme unter artfremder Architektur zum Einsatz kommen. Das Verfahren der Emulation einer API ist sehr performant, da nur Systemrufe übersetzt werden und eventuell erforderliche Bibliotheken verfügbar sind. Ein weiterer Vorteil ist, dass eine Kopie eines weiteren Betriebssystems entfällt, wodurch der Bedarf an Speicherressourcen minimiert wird. Ebenfalls ist der Erwerb von zusätzlichen Lizenzen weiterer Betriebssysteme nicht erforderlich. Diesen Vorteilen steht der Nachteil gegenüber, dass eine API-Übersetzung für jede Kombination von Host- und Gastsystemen existent sein muss. Weiterhin müssen die spezifischen Voraussetzungen der API Berücksichtigung finden. Das heißt, eventuelle Fehler in der API werden mit imitiert.

Ein Vertreter für die Emulation einer API stellt das Programm „WINE" dar. Dieses kann eine Win32 API unter Unix-Derivaten, wie beispielsweise Solaris, Linux und Irix implementieren. Dabei können unveränderte Win32 Codes mittels eines Program Loader, welcher sich in den Programmbibliotheken von „WINE" befindet, ausgeführt werden.

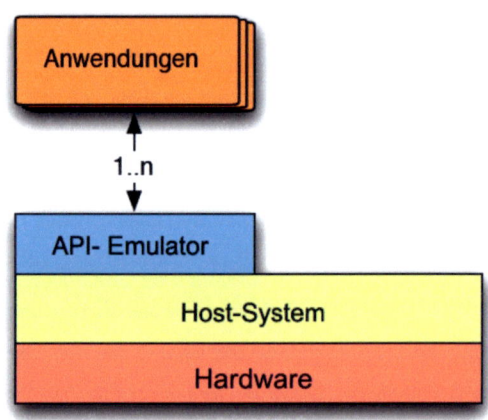

Abbildung 2-1: Darstellung einer API-Emulation

Einen zweiten Punkt bildet die Emulation einer kompletten Rechnermaschine, siehe dazu Abbildung 2-2. Dieses Konzept der Emulation korreliert dabei nahezu analog mit den Ansätzen zur Virtualisierung. Dabei wird mittels dieser Technik ein vollständiger Rechner in einer Datenstruktur imitiert und von der Emulationssoftware geeignet modifiziert. Einzig die Ein- und Ausgaben greifen auf die Ressourcen des Host Rechners zurück. Die emulierte Architektur kann dabei eine völlig andere sein als die, auf der die Emulation läuft, was einen weiteren Vorteil dieses Verfahren offenbart. Dazu werden alle Instruktionen der virtuellen Maschine durch einen eigenen Simulationscode in einer Emulationsumgebung ersetzt. Daraus folgt, dass die Hardwarekomponenten in Datenstrukturen abgebildet und mit Wirkung auf diese ausgeführt werden. Ziel einer solchen Emulation ist die Ausführung mannigfaltiger Betriebssysteme, sowie deren inhärente Anwendungsprogramme auf den unterschiedlichsten

„Instruction Set Architecture" (ISA) Schnittstellen [34]. Bei dem Vorgang der Emulation sind jedoch hohe Leistungsverluste zu erwarten, da das Verfahren sehr langsam und aufwendig ist und jeder Befehl emuliert wird. Im Gegensatz dazu stellt dieses Verfahren höchstmögliche Flexibilität her. Als Beispiel hierzu ist die Software Java zu erwähnen, welche über die Laufzeitumgebungen mittels kompilierten Binärcodes ähnliche Flexibilität erzielt. Ein weiteres Beispiel dieser Art ist die portable x86-PC-Emulationssoftware Bochs [12]. Dieses in „C++" geschriebene „Open-Source-Programm" emuliert eine komplette Rechnerarchitektur, um beispielsweise Windows oder andere Betriebssysteme ausführen zu können.

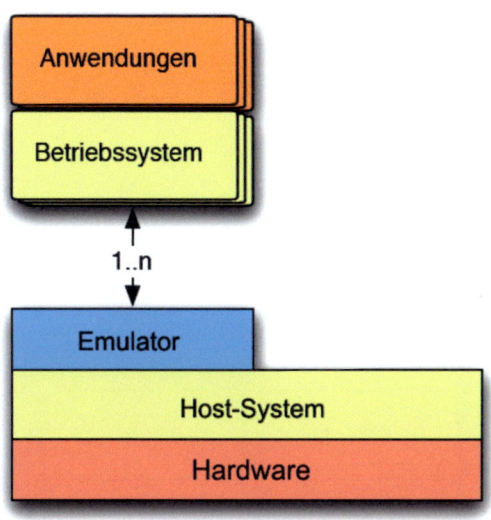

Abbildung 2-2: Darstellung der Emulation einer kompletten Rechnermaschine

2.4.2 Para-Virtualisierung

Bei der Thematik der Para-Virtualisierung wird sich eines Verfahrens bedient, welches Modifikationen am Gast-System vornimmt, wie in Abbildung 2-3 angedeutet. Bei dieser Methode wird durch Anpassungen am Gast-Betriebssystemkernel und der Kompensierung von Schwachstellen der Virtualisierung der Leistungsverlust, der bei einer vollständigen Virtualisierung entsteht, gemindert [16]. Dabei werden das Einfügen von Emulations-Code zur Laufzeit, sowie das Erkennen sensitiver Instruktionen konträr zur vollständigen Virtualisierung vermieden. Das Gast-Betriebssystem kann bei dem Verfahren der Para-Virtualisierung den Emulations-Code benutzen, welcher der „Hypervisor", der dabei als Interface dient, zur Verfügung stellt. Dazu ist es erforderlich den Betriebssystemkernel des Gast-Systems so zu portieren, dass dieses den zugehörigen Emulations-Code des „Hypervisors" aufrufen kann. Dies erfolgt beispielsweise, wenn in einem Gast-Betriebs-system auf ein Gerät zugegriffen wird. Als einen weiteren Aspekt unter der Optimierung, erlaubt es die Para-Virtualisierung, bestimmte Teile des „Hypervisors" in den Adressraum des Gast-Betriebssystems zu verlagern. Somit kann der performance beanspruchende Wechsel von Gast zum „Hypervisor" gemindert werden. Hinsichtlich dieser Methodik ist der Verlust der Leistungsfähigkeit von virtualisierten Systemen gegenüber den realen Systemen nur als sehr gering zu bezeichnen. Diesen Vorteilen stehen aber auch Nachteile gegenüber, die im

Folgenden ersichtlich werden. Obgleich man bei einer vollständigen Virtualisierung ein bestehendes System unverändert verwenden und konzipieren kann, ist bei der Para-Virtualisierung eine Portierung des Gast-Betriebssystemkernel auf eine virtuelle Maschine erforderlich.

Die Modifizierung des Kernel stellt ein komplexes Verfahren dar, welches sehr zeit- und kostenintensiv ist. Abschließend ist anzuführen, dass die Systeme nur dann portiert werden können, wenn ein erforderlicher Quellcode vorhanden ist. Der bedeutendste Vertreter einer solchen Virtualisierungstechnologie ist „XEN" [14].

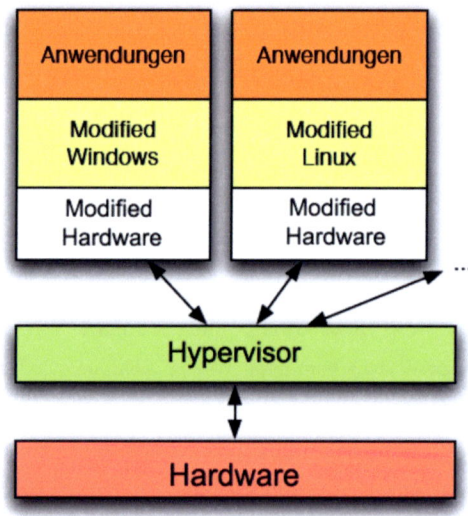

Abbildung 2-3: Para-Virtualisierung mit „Hypervisor" und modifizierten Betriebssystemkernel

2.4.3 Vollständige Virtualisierung

Die vollständige Virtualisierung, auch unter dem Namen „native Virtualisierung" bekannt, ist derzeit die essentielle Determinante der Virtualisierung. Diese Konzeption korreliert weitestgehend mit der Definition einer virtuellen Maschine nach Robert P. Goldberg. Weiterhin kann aufgeführt werden, dass Modifikationen an bestehenden Betriebssystemen nicht erforderlich sind, siehe Abbildung 2-4. Das Gast-Betriebssystem eines Host-Systems kann unverändert und ohne jegliche Restriktionen im Hinblick auf die Virtualisierung eingesetzt werden. Einerseits werden bei dem Konzept der vollständigen Virtualisierung die Befehle nur partiell direkt auf der Hardware ausgeführt. Andererseits werden aber die Instruktionen auf der Virtualisierungsebene verarbeitet und tangieren somit nicht direkt mit der Hardware. Grundlegend müssen die „sensitiven Instruktionen" als Erstes erfasst und ausgewertet werden. Danach erfolgt eine Generierung des Emulationscodes zur Laufzeit, welcher an Stelle der „sensitiven Instruktion" ausgeführt wird. Durch diese Vorgehensweise können auf dem Host-System Betriebssysteme und deren inhärente Anwendungen ohne adaptive Modifikation in einer virtuellen Umgebung realisiert werden. Konträr dazu gestaltet sich die Thematik in Bezug auf die Integration einer neuen Hardware-Plattform.

Um hierbei die Instruktionen sowie die Fähigkeiten einer neuen Hardware-Plattform zu unterstützen, müssen Modifikationen am „Hypervisor" durchgeführt werden.

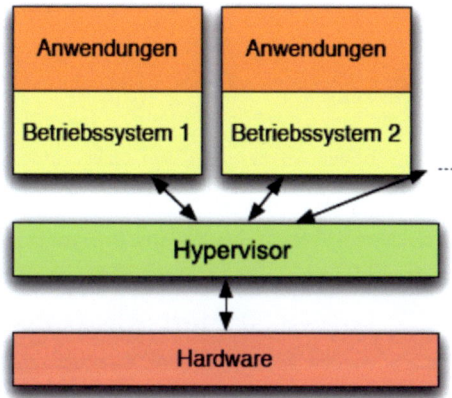

Abbildung 2-4: Vollständige Virtualisierung mittels „Hypervisor"

Ein signifikanter Nachteil der vollständigen Virtualisierung ist die zu erwartende Performanceeinbuße, die sich durch die Erkennung, Auswertung von Instruktionen sowie dem Generieren und Einfügen von Emulationscode zur Laufzeit ergibt. Da das Erstellen und Integrieren vom Emulationscode durch den „Hypervisor" realisiert wird, bewirkt dies einen permanenten Wechsel im Hinblick auf dem „VMM" und dem Gast-System. Die Konzeption der vollständigen Virtualisierung hält Einzug in der wohl bekanntesten Virtualisierungssoftware welche von „VMware" [15] distribuiert wird.

2.4.4 Pre-Virtualisierung

In diesem Abschnitt wird die Pre-Virtualisierung nur kurz angesprochen. Eine ausführliche Beschreibung findet sich im Kapitel „2.10 Stand der Entwicklung". Die Pre-Virtualisierung stellt derzeit eine Verbreiterung der am Markt bestehenden Konzeptionen dar. Dieser neuartige Ansatz der Virtualisierung verspricht Erfolge hinsichtlich der Verbesserung der Performance und einem weniger komplexen Aufwand zur Portierung von Systemen. Die

Forschungen für diese Art der Virtualisierung konzentrieren sich unter der Projektbezeichnung „L4Ka-Projekt" der Universität Karlsruhe, welches gegenwärtig den Entwicklungsstand der Pre-Virtualisierung in der Welt definiert. Bei der Pre-Virtualisierung werden in einem halbautomatisierten Prozess die privilegierten Befehle vorab markiert und mit zusätzlichen Instruktionen versehen. Hierzu ist der Einsatz eines neu entwickelten Compilers notwendig.

2.4.5 Rekursive Virtualisierung

Die rekursive Virtualisierung beschreibt das Abbilden einer virtuellen Maschine auf sich selbst. Eine solche Konzeption ist nur dann möglich, wenn ein virtualisiertes System vollständig emuliert wird. Das Verfahren ist bei „QEMU" (Paris, Frankreich), einem CPU-Emulator, durchaus denkbar, während es bei „VMware" hinsichtlich der rekursiven Virtualisierung zu Problemen kommen kann. Die Rekursion einer Maschine kann auch als Virtualisierung einer virtuellen Maschine aufgefasst werden. Man spricht hier von einer „n-fachen" Virtualisierung nach den rekursiven „f-Abbildungen" von Robert P. Goldberg [24].

Die „f-Abbildungen" beschreiben die Darstellung einer virtuellen Maschine mit ihren inhärenten Systemkomponenten auf der ihr unterliegenden Stufe. Die Abbildung der Systemressourcen sollte so trivial wie möglich konzipiert sein, um eine effiziente Ausführung bei

n-facher Abbildung von virtuellen Maschinen zu gewährleisten. Diese Prämisse ergibt sich durch die rekursive Darstellung der Systemkomponenten und des Prozessablaufs, welcher unikal je Durchführung angewendet wird. Im Gegensatz zur Betriebsmittelabbildung kann die Prozessabbildung aufgrund der Einmaligkeit dynamisch komplexer anwachsen. Die

Betriebsmittelabbildung beschreibt die Darstellung von Systemkomponenten wie Prozessor, Speicher, Ein- und Ausgabegeräten durch Emulation. Die Prozessabbildung hingegen wird als Prozess für die Durchführung der Virtualisierung definiert. Zwischen den virtuellen Maschinen werden bei der Abbildung der Systemkomponenten einzelne Stufen der Betriebsmittelverteilung zur Verfügung gestellt. Im Gegensatz dazu werden bei dem Prozessablauf Privilegierungsstufen innerhalb einer einzelnen virtuellen Maschine verfügbar. Dieses Verfahren der rekursiven Virtualisierung unterscheidet signifikant zwischen der Abbildung der Systemkomponenten und dem Prozessablauf. Die größte Leistungsausbeute auf jeder Stufe der virtuellen Maschine ist das definierte Ziel einer solchen rekursiven Maschine. Als die wesentlichsten Charakteristiken bei der Entwicklung der rekursiven virtuellen Maschine werden die Flexibilität, Modularität und die Erweiterbarkeit der virtuellen Systeme fokussiert. Um die Problematik besser verstehen zu können und um die Bedeutung einer rekursiven Virtuali-sierung zu veranschaulichen, werden in den nachfolgenden Punkten einige Nachteile der konventionellen virtuellen Maschinen dargestellt.

- In den konventionellen virtuellen Maschinen gibt es nur Vater- und Sohnprozesse, die miteinander kommunizieren können. Im Unterschied dazu ist bei der rekursiven Virtualisierung die Möglichkeit der Kommunikation zwischen Großvater- und Enkelprozessen gegeben.

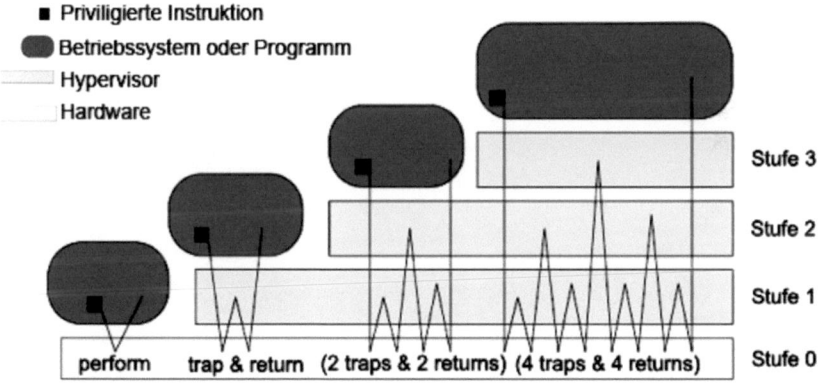

Abbildung 2-5: Exponentieller Slowdown durch die Emulation privilegierter Befehle in einer konventionellen virtuellen Maschine

- Die Verringerung der Performance stellt sich in jeder Stufe der Rekursion ein, da sämtliche privilegierten Befehle aus der höheren Schicht empfangen und gleichzeitig emuliert werden. Dieser Slowdown steigt exponentiell zur Anzahl der verwendeten Stufen an. So muss zum Beispiel auf der n-ten Stufe der Virtualisierung, wie in Abbildung 2-5 zu sehen ist, der Befehl 2n-1 mal iteriert werden.

- Nicht alle Befehle eines Prozessors in der virtuellen Maschine können mit akzeptablem Einsatz zur Verfügung gestellt werden.

Die Architektur der rekursiven Virtualisierung ist angesichts der genannten Nachteile der konventionellen Virtualisierung bestimmten Änderungen unterworfen. Die exponentiell verlaufenden Leistungseinbrüche werden vermieden, indem in jeder Stufe der rekursiven Virtu-alisierung die vollständige Umgebung einer übergeordneten Stufe simuliert wird. Die Um-gebung umfasst alle Instruktionen, den Zugriff auf den Speicher sowie die Ein- und Ausgabegeräte. Dabei haben die Funktionen der rekursiven Virtualisierung „Border Control" und „State Encapsulation" einen exorbitant großen Einfluss [60]. Diese Eigenschaften sind wichtig, um die Kontrolle über die Aktivitäten aller Sohnprozesse und deren Nachfolger zu bekommen.

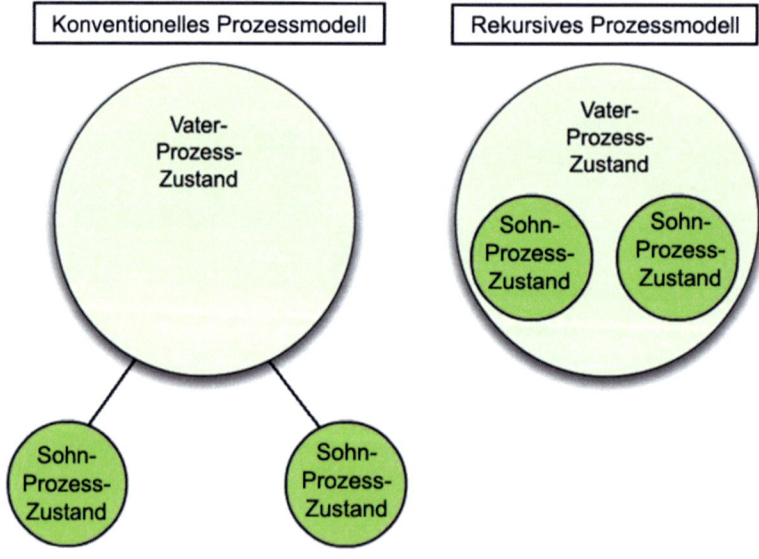

Abbildung 2-6: Vergleich des konventionellen Prozessmodells mit dem rekursiven Prozessmodell

Einen weiteren wichtigen Bestandteil des Konzeptes bilden die rekursiv virtualisierbaren Prozesse. Diese können im Vergleich zu den konventionellen Prozessen, wie in Abbildung 2-6 dargestellt, als logisch inhärent geschachtelte Objekte angesehen werden. So ist es zu verstehen, das man hier ebenfalls von einem Vater- und Sohnprozess spricht. Es ergibt sich eine rekursive Vorgänger-Nachfolger-Beziehung. Es sei zu erwähnen, dass ein Sohnprozess nicht mehr Zugriffsrechte als sein Erzeuger haben kann, sondern der Vaterprozess kann die Privilegien seiner Nachkommen weiter begrenzen. Ein Beispiel, bei dem die rekursive Virtualisierung zur Anwendung kommt, ist das von der Universität Utah entwickelte Betriebssystem „Flux" (Salt Lake City, USA). Das System verwendet als Basis einen Mikrokernel und bedient sich der vertikalen und horizontalen Schichtung von virtuellen Maschinen [37].

2.5 Virtualisierung auf Hardwareebene

In diesem Kapitel erfolgt die Differenzierung der mannigfachen Konzepte der Hardwarevirtualisierung. In dem ersten Unterpunkt wird die Virtualisierung auf Prozessorebene besprochen und es wird auf die dafür notwendige Ringproblematik eingegangen. Danach werden die Konzeptionen des „Vanderpools" von Intel und des „Pacificas" von AMD besprochen. Die Speichervirtualisierung bildet den letzen Punkt dieses Kapitels.

2.5.1 Virtualisierung der x86-Architektur

In der x86-Architektur existieren verschiedene Modi, in denen der Zugriff auf spezifische Speicherbereiche erfolgt und spezielle Instruktionen ausgeführt werden. Der Modus mit den meisten Privilegien des Prozessors besitzt eine Vielzahl von Bezeichnungen. So ist dieser als „Supervisormodus", „Current Privilege Level 0" (CPL 0), „Kernel Mode" oder auch „Ring 0" bekannt. In dieser höchsten Privilegierungsstufe befinden sich die konventionellen Betriebssysteme und die Gerätetreiber, wobei diese Zugriff auf alle Speicherbereiche erhalten [8]. Im „Supervisormodus" dürfen die „privilegierten Befehle" ausgeführt werden. Die Privilegierungsstufen „Ring 1" und „Ring 2" finden in den Betriebssystemen nur wenig Verwendung und werden daher nicht weiter besprochen. Im wichtig zu betrachtenden „Nutzermodus" respektive „User Mode" befinden sich die immanenten Applikationen der Betriebssysteme. In diesem „nicht privilegierten Modus", der auch als „Ring 3" bezeichnet wird, verfügen die Anwendungsprogramme über sehr wenige Rechte, was in Abbildung 2-7 dargestellt wird. So ist es zu erklären, dass ein „privilegierter Befehl", der von einem Programm ausgeführt werden soll, an das Betriebssystem im „Ring 0" weitergereicht wird. Würden mehrere Betriebssysteme parallel zueinander ausgeführt, käme es zu erheblichen Problemen. Aus den genannten Gründen ist die Virtualisierung in der x86-Architektur nur sehr schwer möglich.

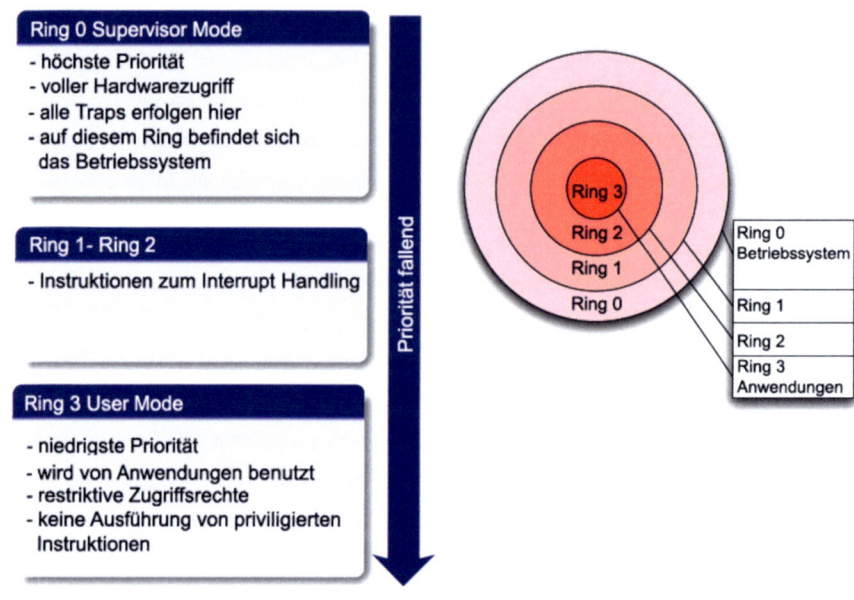

Abbildung 2-7: Privilegierungsstufen der x86-Architektur

2.5.1.1 Virtualisierung auf Prozessorebene

Die Virtualisierung der Prozessoren bildet den wichtigsten Bestandteil der Hardwarevirtualisierung. Gründe für die Entwicklung waren die negativen Aspekte der Virtualisierung auf Softwareebene, die nachfolgend aufgeführt werden. Aus den ständigen Kontextwechseln bei Systemaufrufen zwischen dem „Hypervisor" und den virtuellen Maschinen resultieren

Performanceverluste. Ein weiterer signifikanter Nachteil ist, dass sich die Gast-Systeme und deren Anwendungen auf derselben Ebene der Priorität befinden. Außerdem sind die Betriebssysteme auf den „Supervisormodus" programmiert worden, welche sich jedoch nach der Softwarevirtualisierung im „Ring 1" oder „Ring 3" der Privilegierung befinden.

Aus den genannten Nachteilen wurde die Virtualisierung auf Basis des Prozessors fokussiert. Als einen wichtigen Grund dafür kann die immense Effizienzsteigerung der Virtualisierung auf Prozessorebene gegenüber der Softwarevirtualisierung genannt werden. Einen weiteren Vorteil bilden die Betriebssysteme, welche sich nun im „Supervisormodus" befinden. Zudem können die virtuellen Maschinen ohne Retardation ausgeführt werden. Isoliert voneinander ist es möglich, virtuelle Systeme auszuführen. Bei einem Schaden oder bei einem Virenbefall der Systeme können diese einfach entfernt werden ohne andere Betriebssysteme zu beeinflussen. Um auf den Aspekt der CPU eingehen zu können, müssen zuvor formale Grundlagen beschrieben werden. Exorbitant wichtig ist die Gruppe der Instruktionen, die ein Prozessor erhält. Die Befehle können in einem ersten Unterscheidungskriterium in „privilegierte Be-fehle" und „unprivilegierte Befehle" differenziert werden. Erst genannte Befehle lösen einen so genannten „Trap" aus. Das heißt, Instruktionen, die auf Basis der Hardware abgefangen werden können, bezeichnet man als „privilegierte Befehle", alle verbleibenden Befehle sind als „unprivilegierte Befehle" zu kennzeichnen. Die „privilegierten Befehle" müssen in der CPU im „Nutzermodus" abgefangen und im „Supervisormodus" bearbeitet werden. Dadurch dürfen virtuelle Maschinen sich nie im „Ring 0" befinden. Der „Hypervisor" kontrolliert, ob ein Befehl direkt auf der CPU ausgeübt werden darf. Zudem ist es notwendig, nach einem „Trap" einen „Exception Handler" befehligen zu können, um weitere Schritte zur Behandlung der Ausnahme durchzuführen [49]. Der besprochene „Handler" muss einen „Dispatch" (siehe Kapitel „2.8.1 Funktionsweise des Hypervisors") ausführen, um den „privilegierten Befehl" zu emulieren.

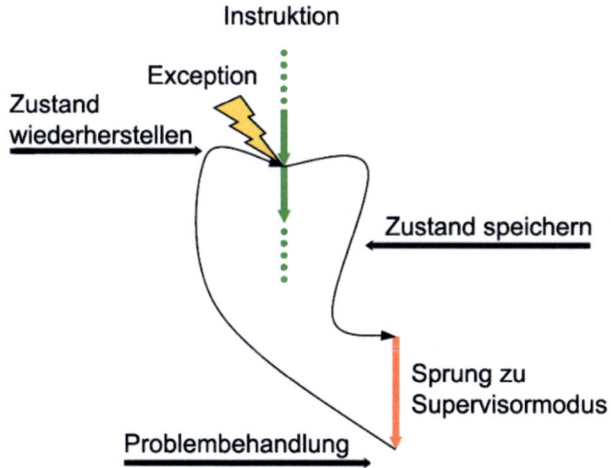

Abbildung 2-8: Zeitliche Betrachtung eines „Exception Handlings"

Tritt eine Ausnahme ein, wird der „Exception Handler" aktiviert. Dieser speichert als erste Maßnahme den aktuellen Zustand, wie in Abbildung 2-8 schematisch dargestellt. Dann erfolgt ein Wechsel (auch als Sprung bekannt) in den „Supervisormodus". Im Anschluss daran wird der „Exception Handler" ausgeführt, wobei dieser die Ausnahme behandelt. Danach wird der besprochene „Handler" beendet und der Zustand wiederhergestellt [49]. Damit ein „privilegierter Befehl" abgefangen werden kann, sind des Weiteren mindestens zwei Modi von einem Prozessor zu unterstützen. Zum einen der schon bekannte „Nutzermodus" und zum anderen der „Supervisormodus". Im letzteren befinden sich entweder das Host-System oder der „Hypervisor" je nach der Art der Virtualisierung. Im „Nutzermodus" agieren die virtuellen Maschinen und deren immanente Applikationen.

Die Differenzierung von „sensitiven Befehle" und „nicht-sensitive Befehle" bildet ein zweites Unterscheidungskriterium der Instruktionen [9]. Unter „sensitiven Befehlen" versteht man Instruktionen, die den Zustand eines Betriebssystems oder einer virtuellen Maschine ver-ändern können. In der Virtualisierung dürfen solche Befehle niemals direkt auf dem Prozessor verarbeitet werden, da ansonsten die virtuellen Maschinen den Status ihrer Isolation verletzen würden. Dies führt dazu, dass sich die virtuellen Systeme gegenseitig beeinflussen und sich zum Absturz bringen könnten. Ein solches Szenario würde zudem das Goldberg-Popek-Theorem verletzen, welches die Axiome der Virtualisierung manifestiert. Es ist es notwendig, jeden „sensitiven Befehl" mittels eines „Trap" zu erfassen und auszuwerten. Jeder „sensitive Befehl" der mittels Hardware „Trap" abgefangen werden kann, ist zugleich auch ein „privile-gierter Befehl". Danach werden die genannten Instruktionen im „Hypervisor" emuliert.

Dies wird durch Generierung des Emulationscodes zur Laufzeit realisiert, welcher an Stelle der „sensitiven Befehle" ausgeführt wird. Anzumerken sei noch, dass alle „nicht-sensitiven Befehle" direkt an die CPU weitergeleitet und ausgeführt werden können. Zudem ist anhand der Privilegierungsstufen eine perfekte Virtualisierung nicht möglich.

Nach den Axiomen des Goldberg-Popek-Theorems stellt sich der Idealfall ein, wenn die „sensitiven Befehle" eine Untermenge der „privilegierten Befehle" bilden (wie in Abbildung 2-9 dargestellt).

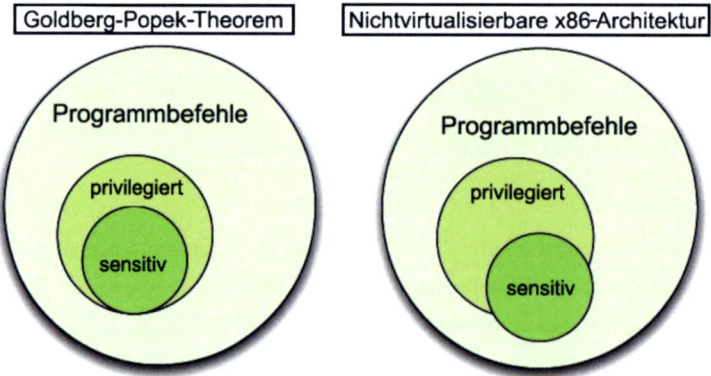

Abbildung 2-9: Gegenüberstellung des „Goldberg-Popek-Theorems" und einer nicht-virtualiserbaren x86-Architektur

Des Weiteren besteht in der konventionellen x86-Architektur die Möglichkeit, dass bei der Ausführung von „sensitiven Befehlen" kein „Trap" ausgelöst wird. Wie in Abbildung 2-9 rechts deutlich zu sehen ist, kann dies bei „unprivilegierten Befehlen" auftreten, die einige „sensitive Instruktionen" enthalten. Bei den Befehlssätzen des Intel Pentium Prozessors tritt dieser Fall ein. Da kein „Trap" ausgelöst wird, ist der „Hypervisor" nicht in der Lage, die „privilegierten Befehle" zu emulieren [35]. Einzig mit dem „Prescan Verfahren" ist es möglich, die Instruktionen zu erkennen. Das auch als „Scan Before Execution" (SBE) bezeichnete Verfahren ist die Ursache, weshalb die Virtualisierung auf Prozessorebene als aufwendig gilt. Der „Hypervisor" hat bei dem „Prescan Verfahren" bedeutend Mehrarbeit zu leisten. Die „sensitiven" und zudem „unprivilegierten Befehlen" müssen vor ihrer Ausführung abge-fangen werden. Dazu ist die Überprüfung der Instruktionen notwendig. Aus dem Grund, dass virtuelle Maschinen nicht deterministisch sind, wird dies zur Laufzeit realisiert.

Der „Hypervisor" sucht während des „Prescans" nach „sensitiven Befehlen", die nicht vom Prozessor abgefangen werden können. Hierzu wird vom „VMM" eine Befehlspfadverfolgung durchgeführt. Identifiziert der „Hypervisor" die „sensitiven Instruktionen", substituiert er diesen Befehl durch eine „Interrupt 3 Instruktion" (INT 3) [6]. Bei diesem „privilegierten Befehl" wird ein „Interrupt" ausgelöst. Bei dem Erreichen einer solchen Stelle während der Laufzeit, übergibt der Prozessor anschließend die Kontrolle an den „Hypervisor", der die „INT 3 Instruktion" behandelt.

Weiterhin kann es bei ringabhängigen Instruktionen zu Problemen kommen. Diese verändern ihr Verhalten abhängig von der Privilegierungsstufe. Die ringabhängigen Befehle können vom Prozessor mittels „Trap" nicht erfasst und abgefangen werden. Die einzige Möglichkeit diese Art der Befehle zu identifizieren, ist über das „Prescan Verfahren". Eine weitere

Kategorie von Befehlen, die zu Komplikationen führen, sind die konfigurierbaren Instruktionen. Ihr Verhalten wird von bestimmenden Zuständen verändert. Die konfigurierbaren Instruktionen werden einerseits privilegiert ausgeführt und können somit abgefangen werden. Andererseits ist es erforderlich, diese durch das „Prescan Verfahren" zu lokalisieren [11].

Aus den vorangegangenen Punkten ergeben sich für die Virtualisierung folgende Prämissen:

- Eine Erfassung von „sensitiven Befehlen" sowie die Emulierbarkeit dieser muss gewährleistet sein.

- Mindestens zwei Modi müssen von der CPU unterstützt werden. Einerseits der „Nutzermodus", in dem die privilegierten Instruktionen erfasst werden können. Andererseits der „Supervisormodus", in dem Befehle bearbeitet werden.

Um die nachfolgenden Themenstellungen des „Vanderpools" und des „Pacificas" besser zu verstehen, werden die Modi des konventionellen x86-Prozessors erläutert. In der x86-Architektur existieren drei Betriebsarten. Der erste Modus ist der „Real Mode" (RM), welcher auch unter dem Begriff „Real Address Mode" bekannt ist. In diesem Modus besteht kein Zugriffsschutz, wodurch Applikationen den gesamten Hauptspeicher nutzen und auf die Hardware zugreifen können. Dieser Nachteil ist für heutige „Multitask-Systeme" nicht erstrebenswert. Daher befinden sich fast alle herkömmlichen Betriebssysteme im „Protected Mode" (PM). In diesem zweiten Modus können mehrere Programme gewissermaßen parallel zueinander ausgeführt werden.

Des Weiteren wird zur Realisierung des Speicherschutzes das „Paging" angewendet. Isoliert von anderen kann jeder Prozess in einem eigenen virtuellen Adressraum existieren. Zugleich ist es möglich, zwischen den Operationen eine gemeinsame Speichernutzung zu realisieren. Zudem erfolgt im „Protected Mode" die Differenzierung zwischen „Supervisor-" und

„Nutzermodus". Als dritter und letzter Modus der konventionellen x86-Prozessoren ist der „Virtual Mode 8086" (VM86) zu nennen. Da im „Real Mode" immer noch viele Programme verwendet werden, ist diese spezielle Erweiterung in den Prozessoren implementiert. Bei dem VM86 besteht die Möglichkeit, RM-Programme in PM-Betriebssystemen auszuführen, ohne diesen Modus verlassen zu müssen. Die Modi „Real Mode" und „Virtual Mode 8086"

werden heutzutage nur noch aus Gründen der Kompatibilität angeboten.

2.5.1.2   Intel Vanderpool

Der folgende Vergleich wird die Prozessorvirtualisierung zwischen den Virtualisierungslösungen „Intel Vanderpool" und der „AMD Pacifica" betrachten. Die Prozessoren wurden um zusätzliche Befehlssätze erweitert, um die Konventionen des Goldberg-Popek-Theorems zu erfüllen.

Bei dem Konzept des „Vanderpools" (auch „Intel Virtualization Technology" genannt), welches von Intel (Santa Clara, USA) entwickelt wurde, verfolgt man die Virtualisierung auf Prozessorebene durch die Erweiterung auf zehn neue Befehlssätze [41]. Diese Art neuer Instruktionen bezeichnet Intel als „Virtual Machine Extensions" (VMX). Weiterhin wurde die neue Datenstruktur „Virtual Machine Control Structur" (VMCS) eingeführt, welche für die Wechsel in und aus dem „VMX Non-Root Modus" verantwortlich ist.

In dieser Struktur wird zum einen festgelegt, welche Befehle im Gast-System ausgeführt werden, wenn dieses unterbrochen wird. Zum anderen wird in der VMCS der Status des „Hypervisors" und des Gast-Systems gesichert und wieder aufgerufen, wie Abbildung 2-10 schematisch skizziert. Der Zugriff erfolgt mittels der beiden Befehle „VMREAD" und „VMWRITE" [9].

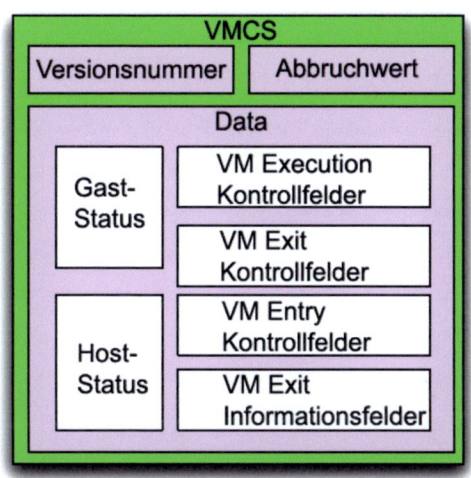

Abbildung 2-10: Darstellung der „Virtual Machine Control Structur"

Der „Gast-Status" beschreibt den Zustand des Prozessors vom Gast-System vor und nach der Aktivierung. Hingegen wird im „Host-Status" der Status der vom „Hypervisor" verwendeten CPU beschrieben. Die Sicherung des Zustandes erfolgt wie im „Gast-Status" vor und nach der Aktivierung [61]. Zudem besitzt die Funktion „VM Execution" die Kontrolle zur Aus-führung des Gast-Systems. Bei einem Wechsel zum „VMX Root-Modus" werden im Feld „VM Exit Information" der Grund des Rücksetzens sowie zusätzliche Informationen vom Gast-System an den „Hypervisor" übermittelt. In den Feldern „VM Exit" und „VM Entry Kontroll" wird das Verhalten des Gast-Systems festgelegt [47].

Durch den „Hypervisor" kann der „VMX Modus" mittels dem Setzen des Bit 13 im „Control Register 4" (CR4) des Prozessors aktiviert werden. Die Frage, ob die „Virtualization Techno-logy" im vorhandenen Intel Prozessor existiert, kann durch Auslesen der „Central Processing Unit Identification" (CPUID) beantwortet werden. Ist das Bit 5 des „Extended Count

Registers" (ECX Register) auf 1 gestellt, wird der „VMX Modus" unterstützt [5]. Benutzen lässt sich dieser Modus durch den Befehl „VMXON", welcher vom „VMM" initialisiert wird. Durch das Kommando „VMXOFF" kann der „VMX Modus" wieder abgeschaltet werden. Die „Virtual Machine Extensions" Befehle lassen sich in zwei Arten unterteilen, den „VMX Root-Modus" und den „VMX Non-Root Modus" [40]. Im erst genannten Modus agiert der „Hypervisor", welcher die vollständige Kontrolle über die Hardware besitzt. Im „VMX Non-Root Modus" hingegen befinden sich die virtuellen Maschinen. Die Befehle im „VMX Root-Modus" bezeichnen die Zugriffe vom „Hypervisor" ausgehend, während bei dem „VMX Non-Root Modus" die Instruktionen aus den virtuellen Maschinen erfolgen [61]. Die Gast-Systeme befinden sich dabei im „Ring 0" der Privilegierungsstufe.

Die virtuellen Maschinen registrieren folglich nicht ihre eigene Virtualisierung. Zugleich agiert der „Hypervisor" im „Ring -1", eine neuen Privilegierungsstufe [42]. Der „VMM" befindet sich also in einem höheren Level der Privilegierung. Vorteilig ist diese Eigenschaft vor allem für Softwareentwickler, da sich die Gast-Systeme nun im „Supervisormodus" befinden. In diesem Modus existieren gewöhnlich die konventionellen Betriebssysteme. Dem „Hypervisor" ist es möglich, mit „VM Entries Befehlen" den Prozessor in dem „VMX Non-Root Modus" arbeiten zu lassen. Dadurch bekommt das Gast-System die Kontrolle. Die Ausführung von „privile-gierten Befehlen" bedeutet zugleich einen Wechsel in den „VMX Root Modus". Der „Hypervisor" kann verifizieren, ob die „privilegierten Befehle" legitim sind. Die Rückführung in den „VMX Root-Modus" lässt sich durch die „VM Exit Befehle" erzwingen. Der „Hypervisor" erhält wieder die vollständige Kontrolle über die Hardware [61].

Derzeit gibt es zwei Ausprägungen der „Vanderpool Technologie". Zum einen ist die „Virtualization Technology for IA-32 x86-Architecture" (VT-x) und zum anderen die „Virtualization Technology for Itanium-Architecture" (VT-i) zu nennen. Der erst genannte Aufbau wurde für die konventionelle x86-Architektur gestaltet. Die VT-i Architektur findet bei den Itanium Prozessoren Anwendung.

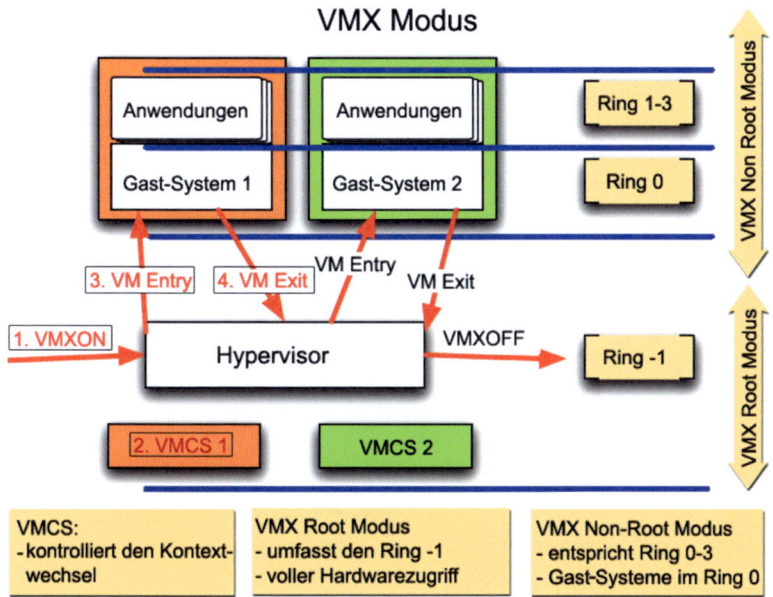

Abbildung 2-11: Kontextwechsel auf Prozessorebene unter zeitlichem Gesichtspunkt

Ein trivial dargestellter Kontextwechsel wird in Abbildung 2-11 gezeigt. Im ersten Schritt wird durch den Befehl „VMXON" der „VMX Modus" aktiviert. Danach wird die „Virtual Machine Control Structur 1" (VMCS 1) angewählt. Im nächsten Vorgang wird durch den „VM Entry Befehl" die Kontrolle an das Gast-System übergeben. Der „Hypervisor" erhält die Befehlskontrolle durch die Operation „VM Exit" im letzten Schritt zurück. Das Gast-System übergibt die Kontrolle freiwillig mittels des Befehls „VM Call" an den „VMM". Durch das Kommando „VMXOFF" kann der „VMX Modus" deaktiviert werden.

2.5.1.3   AMD Pacifica

Einen weiteren Ansatz zur Virtualisierung auf Prozessorebene bietet AMD mit dem „Pacifica". Bei diesem Konzept, welches auch unter dem Namen „Secure Virtual Machine Architecture" bekannt ist, wurden neun weitere Befehlssätze in den Prozessor implementiert. Diese von AMD als „Secure Virtual Machine" (SVM) bezeichneten neuen Instruktionen agieren nach den gleichen Axiomen wie die „Virtualization Technology" von Intel. Außerdem wurde eine neue Datenstruktur mit der Bezeichnung „Virtual Machine Control Block" (VMCB) implementiert, welche den Kontextwechsel in und aus dem „Gast-Modus" reguliert [46]. Durch Setzen des Bit 12 im EFER-MSR-Register kann der „Hypervisor" den „SVM

Modus" aktivieren. Wie schon bei der „Vanderpool Technologie" besitzt der „Hypervisor" die vollständige Kontrolle über die ihm unterliegende Hardware. Über die CPUID-Funktion kann im „Extended Accumulator Register" (EAX Register) die SVM-Unterstützung des AMD Prozessors ausgelesen werden.

Die SVM-Befehlssätze lassen sich durch das Kommando „VMRUN" verwenden, wobei die CPU in den „Gast-Modus" wechselt. Dieser ist vergleichbar mit dem von Intel propagierten „VMX Non-Root Modus". Die Rückführung aus dem „Gast-Modus" wird mittels des Kommandos „#VMEXIT" durchgeführt. Im „Gast-Modus" agieren die Gast-Betriebssysteme mit der Privilegierungsstufe „Ring 0". Wie schon bei der „Vanderpool Technologie" wird die Virtualisierung der Systeme vom Betriebssystem nicht erkannt und der „Hypervisor" befindet sich im „Ring -1". Eine sichere und einfachere Verwaltung der Prozessorressourcen wird durch dem „Pacifica" ermöglicht. Die SVM-Befehlssätze erleichtern des Weiteren das „Exception Handling" der CPU. Zudem kann der „Hypervisor" mit Unterstützung des „Pacificas" einfacher konzipiert werden. Da der „VMM" aufgrund der SVM-Befehle kleiner zu dimensionieren ist und weniger Ressourcen in Anspruch nimmt, können zusätzliche Leistungsverluste vermieden werden.

Konträr zur Konzeption des „Vanderpools" gestaltet sich die Virtualisierung des Speicher Controllers. Die „Virtualization Technology" von Intel bietet nur eine Lösung auf Software-ebene an, woraus entsprechende Performanceeinbrüche resultieren. Jede konventionelle virtuelle Maschine befindet sich in einem eigenen Adressbereich, der durch den „Hypervisor" kontrolliert wird. Die Adressanfragen eines Gast-Systems werden vom „VMM" behandelt und entsprechend auf den realen Adressraum zugewiesen. Eine erneute Umleitung über den „Hypervisor" erfolgt dann bei dem Auslesen von Instruktionen im realen Speicher. Die genannten Vorgänge werden im „Pacifica" durch den neuen Speicher-Modus „Nested Paging" mit den „Nested Page Tables" (NPT) realisiert. Dieser Modus agiert auf Grundlage einer neuen Übersetzungsschicht, allerdings erfolgen die Vorgänge auf Basis realer Hardware. Dadurch ist der Speicher-Modus „Nested Paging" leistungsfähiger als die Virtualisierungs-lösung des „Vanderpools". Die Kontrolle über den Hauptspeicherbedarf besitzt der "Memory Management Unit" (MMU), welcher den Programmen den gewünschten Hauptspeicher zuteilt.

Eine zusätzliche Erweiterung wurde mit dem „Device Exclusion Vector" (DEV) in dem „Pacifica" implementiert. In der „Secure Virtual Machine Architecture" reguliert der DEV die „Direct Memory Access" (DMA) Zugriffe in den virtuellen Maschinen. Des Weiteren kann ein Schutzmechanismus vor Zugriffen in den physikalischen Speicher in Bezug auf DMA-fähige Geräte in Anspruch genommen werden.

Außerdem anzuführen gilt der neue „Paged Real Mode" des „Pacificas". Mit Hilfe des Modus kann der „Real Mode" des Prozessors virtualisiert werden. Bei der Variante des „Vanderpools" sind virtuelle Maschinen im „Real Mode" nicht ausführbar. Eine Emulation des genannten Modus durch den „Hypervisor" ist notwendig, um die virtuellen Maschinen dennoch zu unterstützen. Im Gegensatz dazu können Programme im „Real Mode" auf dem „Pacifica" verwendet werden. Durch „Paging" des „Real Modes" ist eine Emulation des Modus nicht mehr erforderlich, was sich entsprechend positiv auf die Performance auswirkt.

2.5.2 Virtualisierung des Speichers

Kaum ein Thema ist so hoch zu bewerten, wie die Virtualisierung des Speichers unter dem Aspekt der Hardwarevirtualisierung. Bedeutungsvoll ist dies vor allem für die virtuellen Systeme, welche einen eigenen virtuellen Speicherbereich erhalten müssen. Die Virtualisierung des Speichers wird in diesem Abschnitt kurz umrissen.

Der Arbeitsspeicher ist die einzige Systemkomponente, welche für die Virtualisierung entwickelt wurde [54]. Die Idee der Speichervirtualisierung wurde 1961 von John Fotheringham (New York, USA) erstmalig publiziert [56]. In seiner Abhandlung über den Arbeitsspeicher des ATLAS Computers wird eine Applikation beschrieben, welche mehr Speicher benötigt, wie der zur Verfügung stehende Hauptspeicher beinhaltet. Um Konflikte zu vermeiden, sind die aktuell erforderlichen Bestandteile eines Programms im physischen Speicher zu halten, die verbleibenden werden nach Bedarf eingefügt. Außerdem besteht die Möglichkeit, dass ein Zugriff auf eine Speicherseite erfolgen kann, welche sich im Auslagerungsspeicher und nicht im Hauptspeicher befindet. Um diese Methodik zu realisieren ist es erforderlich, ein zweistufiges Adressensystem zu konzipieren, welches aus den Segment- und Seitentabellen definiert wird. Zudem wurde die Notwendigkeit der Einführung eines zusätzlichen Adressraumes erkannt. Bei der doppelten Adressübersetzung werden so genannte „Shadow Tables" verwendet. Diese Tabellen bilden die virtuellen Adressen der virtuellen Systeme auf den realen physische Adressraum ab. Die virtuellen Adressen werden von der „Memory Management Unit" (MMU) in physische Adressen konvertiert [51]. Essentiell wichtig bei der Virtualisierung des Speichers ist die Kontrolle über die „Speicher Deskriptor Tabellen". Den virtuellen Systemen darf diese Tabelle nicht bekannt sein, da die inhärenten Informationen die

Zuordnung der virtuellen auf die physischen Adressen enthalten. Würde ein Zugriff von einem Gast- und einem Host-System auf die „Speicher Deskriptor Tabellen" zur selben Zeit erfolgen, käme es unweigerlich zu einem Konflikt. Ebenfalls müssen die „Globale Deskriptor Tabelle" (GDT) und die „Lokale Deskriptor Tabelle" (LDT) virtualisiert werden. Die letztgenannte Tabelle ist wichtig für den Speicherschutz, da die „LDT" als Grundlage zur Isolation von Tasks verwendet wird. Außerdem ist es notwendig, dass jedem virtuellen System eine eigene „Interrupt Deskriptor Tabelle" (IDT) zugeteilt wird. Die „IDT" kann vom „Hypervisor" gelesen und beschrieben werden.

Wie das Prinzip der Adressübersetzung detailliert funktioniert, wird in der Abbildung 2-12 dargestellt. Nicht abgebildet ist der Speicherschutz, welcher von der „Memory Management Unit" bereitgestellt wird. Einzelne Speicherbereiche können durch die von der „MMU" ausgehenden Restriktionen die Ausführung von Prozessen implizieren.

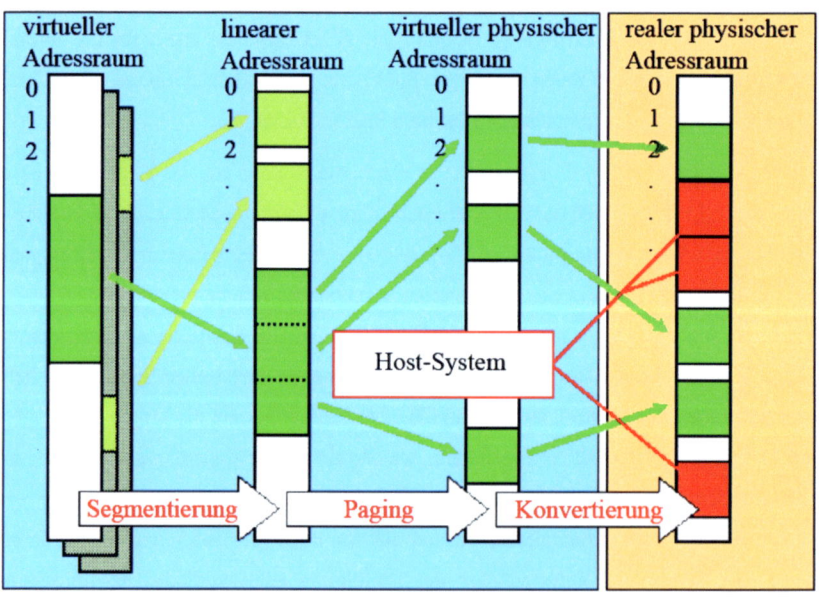

Abbildung 2-12: Schematische Darstellung des Konzepts zur Virtualisierung des Speichers

Der in Abbildung 2-12 links dargestellte virtuelle Adressraum des Gast-Systems wird mittels der Segmentierung in den linearen Adressraum konvertiert [57]. Die Segmentierung ist ein eindimensional funktionierender Mechanismus, wodurch eine weitere Stufe eines Adressraums notwendig wird. Durch den „Paging Mechanismus" können die Adressen im linearen Adressraum in virtuelle physische Adressen überführt werden. Dieser Adressraum stellt für die virtuellen Systeme den physischen Adressraum dar. Die Gast-Systeme sind nicht in der Lage, den virtuellen physischen Adressraum als virtualisiert zu identifizieren. Eine virtuelle physische Adresse impliziert eine virtuelle physische Seitenrahmennummer und zusätzlich den Offset einer Seite [52]. Dieser kann von der realen Seite (Page) entnommen werden und beginnt wie bei dem realen physischen Adressraum bei Null [53]. Die Seitenrahmennummer wird verwendet, um Einträge in die „Page Table" (Seitentabelle) zu referenzieren. Das heißt, in der besagten Tabelle sind die Zuordnungen zwischen den linearen und den korrespondierenden virtuellen physischen Adressen definiert. Zudem erhält jedes virtuelle System seine eigene „Deskriptor Tabelle", um somit nur auf den eigenen Speicherbereich Zugriff zu erhalten.

Damit die Adressen aus den virtuellen physischen Adressraum in den realen physischen Adressraum übersetzt werden, ist eine weitere Stufe der Konvertierung notwendig. Diese muss vom „Hypervisor" bereitgestellt werden, da in der konventionellen x86-Architektur nur zwei Stufen der Adressübersetzung unterstützt werden. In dieser letzten Stufe wird die „Page Table" eingesetzt, um die virtuellen physischen Adressen den korrespondierenden realen physischen Adressen zuzuordnen. Die realen physischen Adressen werden in Offset und Seitenrahmennummer unterteilt [51].

Ein wesentlicher Nachteil bei der Verwendung von virtuellem Speicher ist die Konvertierung von virtuellen auf die physischen Adressen. Eine Beschleunigung der Adressübersetzung kann durch den Einsatz eines „Translation Lookaside Buffer" (TLB) erzielt werden. Dieser Übersetzungspuffer, welcher eine vergleichbare Funktionsweise eines Caches aufweist, ist als eine Einheit der „MMU" des Prozessors anzusehen. Der „TLB" beschleunigt die Aus-führung von Speicherzugriffen außerordentlich, da bei jedem Zugriff von einem Gast-System auf den virtuellen Speicher verifiziert wird, ob der „Translation Lookaside Buffer" diese Adresse in einer Tabelle gespeichert hat. Die Granulität der Speicherung kann dabei ganze Speichersei-ten umfassen. Liegt die Speicherung vor, kann die virtuelle der physischen Adresse anschlie-ßend sofort zugeordnet und zur Verfügung gestellt werden.

2.6 Problematik der Softwarevirtualisierung

Wie im Kapitel „2.5.1 Virtualisierung der x86-Architektur" erwähnt, stehen dem Prozessor vier Privilegierungsstufen zur Verfügung. Die Betriebssysteme befinden sich im „Super-visormodus" und deren inhärente Programme im „Nutzermodus". Um eine

Softwarevirtualisierung in der x86-Architektur auszuführen, ist ein geschicktes Vorgehen erforderlich.

Als ersten Schritt ist es notwendig, einen „Hypervisor" in das System zu implementieren. Der „VMM" befindet sich im „Ring 0" und besitzt jederzeit die vollständige Kontrolle über das System [9]. Im nächsten Schritt wird das Betriebssystem deprivilegiert. Es befindet sich folglich in einer geringeren Privilegierungsstufe als zuvor. Wird ein Befehl vom Betriebssystem ausgeführt, der beispielsweise die Priorität „Ring 0" besitzt, so löst dieser im Prozessor einen „Trap" aus. Nachfolgend wird der Befehl vom „Hypervisor" behandelt und zur Laufzeit emuliert. Gegenüber der konventionellen x86-Architektur lässt sich der Verlust der Performance aufgrund der Generierung von Emulationscode in einem virtualisierten System auf etwa 40 % beziffern [47].

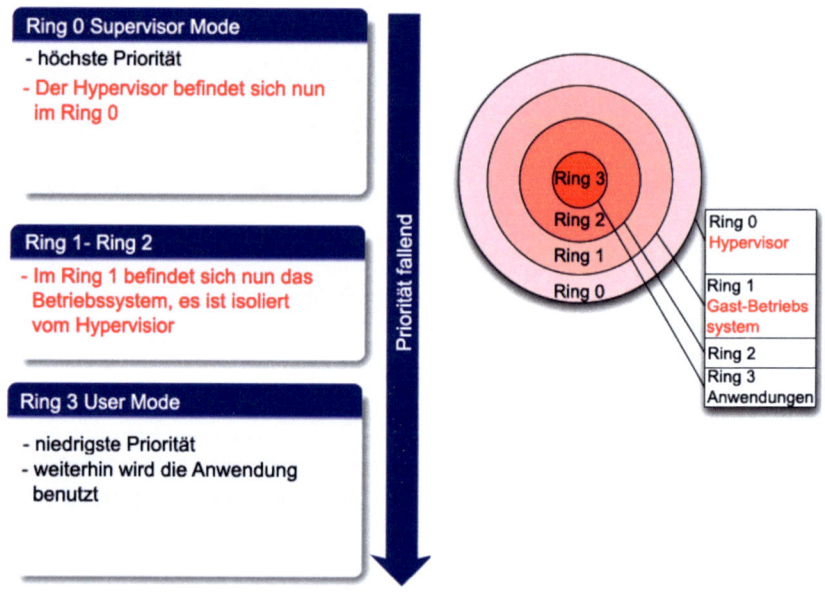

Abbildung 2-13: Privilegierungsstufen nach der Virtualisierung

Es existieren derzeit zwei Ansätze zur Lokalität des Betriebssystems. Im ersten Fall befindet sich dieses im „Ring 1" der Privilegierungsstufen, wie Abbildung 2-13 zeigt. Das Betriebssystem weist eine höhere Priorität als die Anwendungen auf, welche sich im „Ring 3" befinden. Nicht dargestellt sind die Entstehung vieler Ausnahmefehler sowie die Leistungsminimierung gegenüber der konventionellen x86-Architektur. Nachteilig ist zudem, dass die Rechteverwaltungen der Betriebssysteme, die für den „Supervisormodus" entwickelt wurden, nun den Restriktionen des „Ring 1" unterliegen. Im zweiten Ansatz entstehen vermehrt Fehler. Die Lokalität des Betriebssystems ist im „Ring 3" der Privilegierungsstufe. Im „Nutzermodus" befinden sich die Anwendungsprogramme. Ein Nachteil dieser Konstellation ist die mögliche Beeinflussung des Betriebssystems durch die Anwendungen.

2.7 Architektur einer virtuellen Maschine

In der Virtualisierung kann man neben den Arten auch den Aufbau der virtuellen Maschine charakterisieren. In der Architektur kann als Unterscheidungsmerkmal die Lokalität des „Hypervisors" herangezogen werden. Das heißt, die mannigfachen Typen werden durch die Position des „VMM" signifikant gekennzeichnet. Weiterhin ist es möglich, die virtuellen Maschinen in „Prozess virtuelle Maschinen" und „System virtuelle Maschinen" zu gliedern, wobei das virtualisierte Interface den Unterschied bildet. Bei der „Prozess virtuellen Maschine" wird die „Application Binary Interface" (ABI) Schnittstelle und bei der „System virtuellen Maschine" die ISA Schnittstelle virtualisiert [34]. Erstere gestatten die Ausführung von Prozessen in einer veränderten Anwendungsumgebung wie beispielsweise bei der Emulation einer API durch „WINE". Bei dem „System virtuellen Maschinen" wird die parallele Ausführung von mannigfaltigen Betriebssystemen fokussiert. Es wird demnach ein komplettes System in einer virtuellen Maschine abgebildet. Nachfolgend werden die drei Typen der Architektur unter dem Aspekt der Lokalität des „Hypervisors" betrachtet.

2.7.1 Typ I: Native Architektur

In einem ersten Punkt ist festzustellen, dass in einer konventionellen Architektur fast ausnahmslos das jeweilig native Host-Betriebssystem den direkten Zugriff auf die Hardware erhält. Es wurden infolgedessen Alternativen in Bezug auf die Virtualisierung entworfen. Genannt werden kann hier die „Native Architektur", auch unter dem Begriff „Standalone System" bekannt, mit einem „Hypervisor", welcher ein minimales Betriebssystem oder einen proprietären Kernel darstellt. Der „VMM" nimmt direkten Zugriff auf die Hardware eines Host-Systems. Die Position des „Hypervisors" ist oberhalb der Hardware zu finden, wie in Abbildung 2-14 zu sehen ist. In dieser Illustration wird am Beispiel „XEN" die „Typ I Architektur" demonstriert, wobei ein privilegiertes Betriebssystem Sonderrechte erhält. Diese virtuelle Maschine kann andere Gast-Systeme konfigurieren, kontrollieren, starten und anhalten. Der „VMM" hat die vollständige Kontrolle über die ihm zugrunde liegende Hardware. Bei dieser Architektur befindet sich der „Hypervisor" kontinuierlich im „Supervisormodus", auf dem n-fach viele Betriebssysteme quasi parallel existieren können, sofern das die verwendete Hardware und Virtualisierungssoftware zulässt.

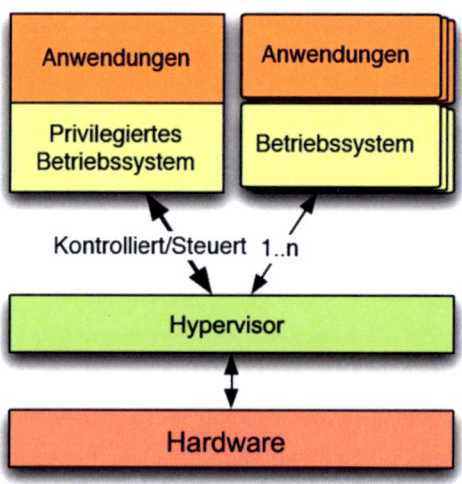

Abbildung 2-14: „Typ I Architektur" einer Virtualisierungsumgebung mit „Hypervisor"

Dank des direkten Zugriffs auf die Hardware ist eine sehr hohe Effizienz erreichbar, wie es beispielsweise bei der Virtualisierungslösung „XEN" realisiert wird. Dieselbe Technik zur direkten Ansteuerung der Hardware wird auch in den nativen Host-Betriebssystemen von Microsoft (Redmond, USA) und Linux eingesetzt. Die mannigfaltigen Gast-Systeme können aber erst dann installiert werden, wenn der unterliegende „Hypervisor" integriert wurde. Konträr zur „Typ II Architektur" (siehe Abschnitt 2.7.2) ist ein Host-System zwischen der Hardware und dem „Hypervisor" nicht erforderlich. Folglich entfallen Host-Betriebssysteme, wie Linux oder Windows, die ansonsten zusätzliche Ressourcen vergeuden. Nachteilig bei der „Typ I Architektur" sind die Hardwaretreiber, welche im „Hypervisor" vorinstalliert sein müssen. Der „VMM" ist für die Zeit- und Betriebsmittelverteilung aller virtuellen Maschinen im System zuständig. Der Aufbau einer „Nativen Architektur" unterliegt hinsichtlich der Realisierung durch den Prozessor bestimmten Restriktionen [35]. Es muss eine Methode existieren, zum Beispiel ein Schutzsystem, um das reale System und die virtuellen Maschinen vor einer aktiven virtuellen Maschine zu schützen. Die Methode zur Ausführung unprivilegierter Befehle sollte äquivalent im „Supervisor- und Nutzermodus" des Prozessors

erfolgen. Zudem muss eine Möglichkeit bestehen, dem „Hypervisor" automatisch zu signalisieren, wenn eine virtuelle Maschine eine sensitive Instruktion ausführt. Der „VMM" muss
folglich in der Lage sein, die Auswirkungen der „sensitiven Instruktionen" zu simulieren.

2.7.2 Typ II: Host Architektur

Das Prinzip der Virtualisierung ist bei der „Host Architektur" das Gleiche wie bei der
„Nativen Architektur". Bei dem Konstrukt vom „Typ II" wird ein Host-System mit einem
nativen Betriebssystem auf einer realen Hardware verwendet. Oberhalb dieses Aufbaus
befindet sich der „Hypervisor", welcher innerhalb eines existierenden Host-Betriebssystems
installiert wird. Der Unterschied zur „Typ I Architektur" besteht darin, dass sich in der „Host
Architektur" ein Host-System mit inhärentem Betriebssystem zwischen der Virtualisierungsebene und der Hardware befindet, was in der Abbildung 2-15 dargestellt ist.

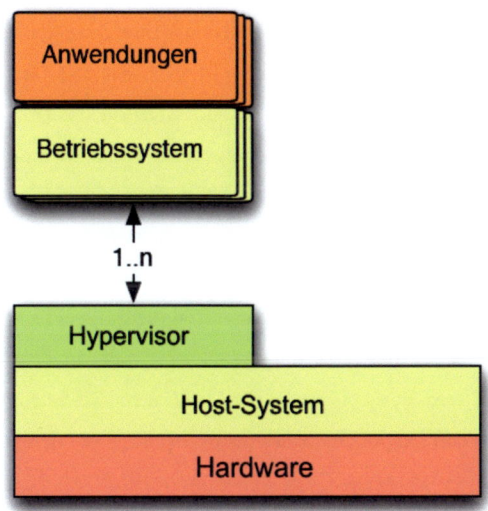

Abbildung 2-15: „Typ II Architektur" einer Virtualisierungsumgebung mit Host-System und „Hypervisor"

Eine signifikante Charakteristik der „Host Architektur" besteht in der Verwendung der Host-
Gerätetreiber. Da die Gast-Systeme die Hardwarekomponenten teilweise nicht direkt anspre-
chen können, werden die Hardwaretreiber des Host-Systems genutzt. Dies ist ein Vorteil, da
der „Hypervisor" relativ einfach aufzusetzen ist und keine eigenen Treiber implementiert
haben muss. Den genannten Vorteilen stehen auch nachteilige Aspekte gegenüber, welche im
Folgenden beschrieben werden. Die „Typ II Architektur" ist bei Verwendung von nicht

eigenen Treibern gegenüber der „Nativen Architektur" weniger performant. Negativ wirkt sich dies auch in einem eingeschränkten Zugriff auf die Hardware aus. Kennzeichnend für die „Typ II Architektur" sind die Gast-Systeme, die wie eine Anwendung im Host-System gestartet werden können. In diesen werden zusätzlich einerseits sämtliche Systemkomponenten und Routinen wie Prozessor, Speicherverwaltung, Rechenzeit und Betriebsmittelverteilung verwendet und andererseits auch alle Systemkomponenten kontrolliert.

Der „Hypervisor" hat dabei die Aufgabe, die Ressourcen des Host-Systems zu reservieren und diese dem Gast-System zur Verfügung zu stellen. Der „VMM" ist zudem in der Lage, I/O-Anforderungen so aufzuteilen, dass ein aktives Gast-System das Host-System und andere Maschinen nicht behindert. Weiterhin hat der „Hypervisor" die Funktion, den Speicher, der als Hauptspeicher den Gästen zur Verfügung steht, beim Host-System zu allokieren. Unter dem Host-Betriebssystem agiert der verwendete „VMM" zudem als „Anwendungsstack". Das heißt, bekommt der „Hypervisor" Rechenzeit innerhalb einer Zeitschleife zugewiesen, speichert dieser den Zustand des Host-Systems und ersetzt diesen. Dadurch kann der „Hypervisor" an Stelle des Host-Systems in den „Supervisormodus" (Ring 0) wechseln. Die Gast-Systeme (virtuelle Maschinen) befinden sich immer noch im Zustand des Nutzermodus (Ring 3). Ist die Zeitschleife abgelaufen, wird ein Kontextwechsel durchgeführt, wobei sich das Host-System wieder im „Supervisormodus" befindet [36]. An den Aufbau einer „Host Architektur" müssen bestimmte Anforderungen gerichtet werden. Es ist festzustellen, dass alle Ansprüche, die an die „Typ I Architektur" gestellt wurden, auch hier Legitimität besitzen. Zusätzlich müssen noch weitere Bedingungen genannt werden. Um den „Hypervisor" und die anderen virtuellen Maschinen vor der aktiven Maschine zu schützen, müssen einige Funktionen im Host-System implementiert sein. Beispiele für solche Funktionen sind Schutzfunktionen, Adressübersetzungsfunktionen und Teilprozessfunktionen.

2.7.3 Typ III: Hybride Architektur

Wenn ein Prozessor eine „Typ I oder Typ II Architektur" nicht benötig, kann die „Hybride Architektur" implementiert werden. Dieser auch unter dem Namen „Dual Mode Hosted Virtual Machine" bekannte Aufbau wird auf einem Host-System mit einem nativen Betriebssystem installiert. In der „Hybriden Architektur" kann außer einem kompletten Host-System auch ein „Hypervisor" (minimaler Hypervisorkernel) zum Einsatz kommen [39]. Während die „Typ III Architektur" die besten Eigenschaften der vorangegangenen beiden Typen vereint, entstehen neue Schwierigkeiten aufgrund des häufigen Wechsels zwischen den Gast- und Host-Systemen durch den „Hypervisor". Dies hat Performanceeinbrüche zur Folge.

Bei genauer Betrachtung des Konstrukts ist feststellbar, dass sich einige Teile direkt oberhalb der realen Hardware befinden, wie die Abbildung 2-16 deutlich zeigt.

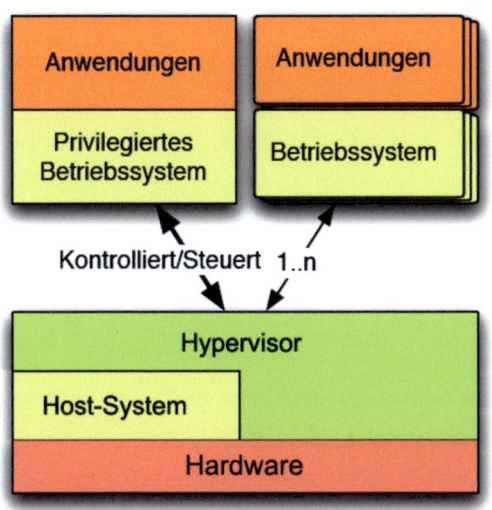

Abbildung 2-16: „Typ III Architektur" mit Host-System und „Hypervisor"

In dieser Architektur wird der „Supervisormodus" als reines Softwarekonstrukt ausgeführt. Zudem kann man anmerken, dass jegliche unprivilegierten Befehle, wie schon bei der „Typ I- und Typ II Architektur", direkt auf der Hardware auszuführen sind. Die „Hybride Architektur" kommt dort zum Einsatz, wo die Ansprüche an die Architektur des Rechners für eine Verwendung der ersten beiden Typen zu komplex sind, wie beispielsweise auf einem „Intel Pentium Prozessor". Die virtuellen Maschinen im „Typ III" differenzieren sich dahingehend, dass jede privilegierte Instruktion in der Virtualisierungsebene interpretiert wird. Entgegengesetzt dazu können die virtuellen Maschinen in den anderen Architekturen einzelne privilegierte Befehle auf der Hardware direkt ausführen. Eine Gemeinsamkeit aller drei Architekturen ist das Ausführen von unprivilegierten Befehlen direkt auf dem Prozessor. Die Anforderungen an eine „Typ III Architektur" sind im Gegensatz zur „Typ I und Typ II Architektur" weniger streng bemessen. Zum einen müssen die Ausführungen unprivilegierter Instruktionen im „Supervisor-" wie auch im „Nutzermodus" nicht mehr äquivalent erfolgen. Zum anderen ist es nicht mehr erforderlich, dem „Hypervisor" automatisch zu signalisieren, wenn eine virtuelle Maschine eine sensitive Instruktion ausführt [7].

2.8 Funktionsweise der Virtualisierung

2.8.1 Funktionsweise des Hypervisors

Der „Hypervisor" ist die Kontrollinstanz der Virtualisierungssoftware. Dieser befindet sich zwischen den virtuellen Maschinen und der Hardware respektive dem Host-System. Erst durch den „VMM" ist es möglich, virtuelle Systeme zu konzipieren. Die primäre Aufgabe des „Hypervisors" besteht in der Behandlung von „sensitiven Instruktionen". Als erstes müssen diese detektiert werden. Dazu befindet sich der „VMM" im „Ring 0" der Privilegierung, welches eine ideale Ausgangsposition ist, um „privilegierte Befehle" abzufangen. Danach erfolgt die Emulation der Befehle zur Laufzeit, um die „sensitiven Instruktionen" zu ersetzen.

Der „Hypervisor" ist in drei Funktionen zu unterteilen. In der ersten Aufgabe stellt der „VMM" eine komplett isolierte Ausführungsumgebung zur Verfügung, welche mit dem Abbild der ursprünglichen Maschine nahezu vollständig korreliert. Erfolgen nicht vorgesehene Zugriffe auf einen anderen Speicherbereich durch eine virtuelle Maschine, kann der „VMM" dies verhindern. Das Ziel ist die Ausführung von Programmen, welche sich auf einer virtu-ellen Maschine identisch zu einer nicht virtualisierten Umgebung verhalten. Aus den Axiomen dieser Kongruenz resultieren allerdings Unterschiede bezüglich der zur Verfügung stehenden Systemressourcen und den angeschlossenen Ein- und Ausgabegeräten. Sind Betriebsmittel verfügbar, wie der physikalische Speicher, welcher unterschiedlich zum virtu-ellen Speicher ist, führt der „Hypervisor" diesen entsprechend differenziert aus. Fehlen einer virtuellen Maschine Peripheriegeräte, die normalerweise der realen Maschine zur Verfügung stehen, behebt der „VMM" dieses Problem. Die abgebildeten Betriebsmittel unterscheiden sich folglich von der real existierenden Hardware. Der zweite Funktionsbereich definiert die Kontrolle über die zur Verfügung stehenden realen Hardwareressourcen. Der „VMM" impliziert zudem, dass aktive Programme Ressourcen freigeben können, ohne dass diese ausdrücklich dafür zugeteilt wurden. Weiterhin ist es möglich, die Kontrolle über die zugeteilten Ressourcen mittels dem „Hypervisor" wieder zurück zu erlangen. Die Leistungsfähigkeit kann als die dritte Funktion des „VMM" genannt werden. Ein großer prozentualer Anteil der Instruktionen wird auf dem realen Prozessor ohne Eingreifen des „Hypervisors" ausgeführt. Die Befehle, welche nicht direkt im Prozessor ausgeführt werden dürfen, sind durch den „VMM" zu interpretieren. Außerdem unterstützt dieser die Rekursionseigenschaften einiger virtueller Maschinen. Der „Hypervisor" ist in diesem iterativen Szenario in der Lage, weitere virtuelle Maschinen zu generieren und zu kontrollieren.

Die reale Maschine wird als Stufe 0 bezeichnet, während jede Rekursion entsprechend beziffert wird [35]. Ein beispielsweise direkt auf der Hardware befindlicher „Hypervisor" wird als Stufe 1 bezeichnet (siehe Kapitel „2.4.5 Rekursive Virtualisierung").

Die Bestandteile eines „Hypervisors" können in drei logische Module eingeteilt werden. Anzuführen ist hier der „Dispatcher", der „Allocator" und als letztes Element der „Interpreter". Versucht eine virtuelle Maschine einen „privilegierten Befehl" auszuführen, teilt das virtuelle System dies dem „Hypervisor-Dispatcher" mit [7]. Zudem entscheidet dieser, welches Modul zur Behandlung der „privilegierten Befehle" als nächstes aufgerufen wird (siehe Abbildung 2-17). Werden die Betriebsmittel eines virtuellen Systems verändert, wird das zweite Modul, der „Allocator", aufgerufen. Dieser „Ressourcenverwalter" entscheidet, welche Systemressourcen einer virtuellen Maschine angeboten werden [55]. Dadurch kann sichergestellt werden, dass nicht mehrere unterschiedliche virtuelle Systeme dieselben Ressourcen benutzen. Konflikte zwischen den „VMM" können somit verhindert werden. Die dritte Modulart ist der „Interpreter". Für jede „privilegierte Instruktion" weist der „Dispatcher" eine Interpreterroutine zu, um die Auswirkung dieser Befehle zu emulieren. Abschließend erhält das Gast-System die Kontrolle. Dies erfolgt mit der Instruktion, die als nächste nach der Unter-brechung abgearbeitet wird [35].

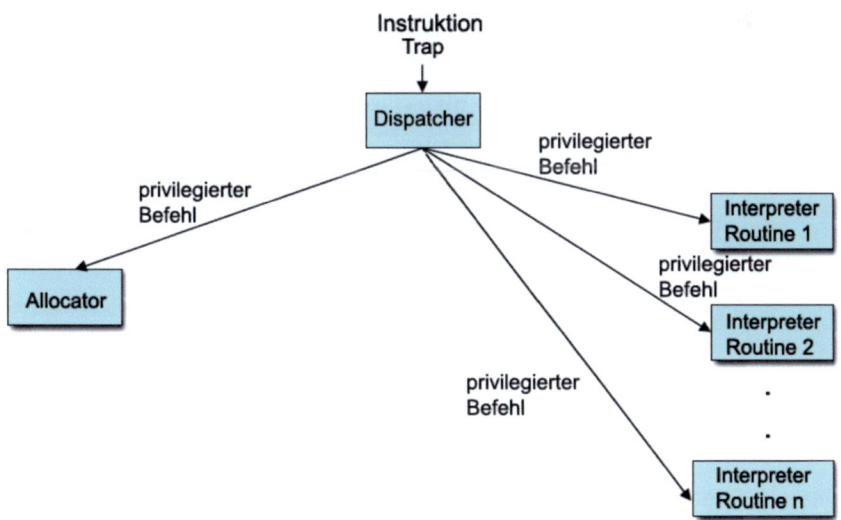

Abbildung 2-17: Bestandteile des „Hypervisors"

2.8.2 Virtualisierung am Beispiel VMware

In diesem Abschnitt soll die Funktionsweise von „VMware", der derzeitig am häufigsten eingesetzten Virtualisierungslösung, demonstriert werden. Gleichzeitig wird mit der Beschreibung der Software ein Kontext zu dem im Versuch verwendeten Programm hergestellt. Die hier angesprochene Funktionsweise bezieht sich ausschließlich auf das Prinzip der Virtualisierungslösung „VMware Workstation 5.5".

Die Implementierung der Software im gastgebenden System gestaltet sich nach einem festgelegten Algorithmus. Das Virtualisierungsprogramm wird wie eine normale Applikation im Host-System installiert. Während der Implementierung von „VMware Workstation 5.5" wird als Erstes das „VM App" in das Host-System integriert. Dieses Modul wird genutzt, um den „VM Driver" zu laden, welcher befugt ist, dem „Hypervisor" den „Supervisormodus" zuzuweisen. Danach obliegt es dem Prozessor, das Host-System oder die virtuelle Maschine auszuführen. Das Gast-System und das Host-System sind im Hinblick auf ihren Systemstatus different zueinander. Der Status setzt sich aus den aktuellen Werten des Registers und aus dem Betriebsmodus zusammen. Mit der Initiierung des „VM Drivers" kann die Kontrolle jeweils zwischen dem Host-System und dem „Hypervisor" transferiert werden. Da sich der „VMM" kooperativ verhält, kann das gastgebende System weiterhin normal ausgeführt werden, während die virtuelle Maschine aktiv ist. Die Kontrolle des Schedulers vom Host-System geht bei dem Wechsel auf die virtuelle Maschine verloren. Der so genannte „World Switch" erfolgt, wenn die Kontrolle jeweils zwischen dem Host-System und dem „Hypervisor" transferiert wird. Der Wechsel zwischen dem „Hypervisor" und dem Host-System impliziert das Speichern und das Wiederherstellen aller Nutzer- und Gast-Systemzustände. Der beschriebene Wechsel ist wesentlich aufwendiger gegenüber dem konventionellen Kontextwechsel, da mehrere Prozesswechsel stattfinden. Es werden daher Entwicklungen angestrebt, den „VM Driver" und den „Hypervisor" auf eine möglichst geringe Anzahl von Wechseln zu optimieren. Signifikant für einen „World Switch" ist die exorbitant höhere Performancebeanspruchung wie bei einem konventionellen Kontextwechsel [62].

Nach der Implementierung der „VMware Workstation 5.5" ist es möglich, mannigfaltige Betriebssysteme, wie beispielsweise Windows XP Professional, Linux oder andere Unix Derivate quasi parallel zu betreiben.

Die als Gast-Systeme bezeichneten virtualisierten Betriebssysteme können im Vollbildmodus oder im Fenstermodus im Host-System abgebildet werden [34]. Dadurch kann man zu jedem

Zeitpunkt zwischen dem Host-System und den Gast-Systemen wechseln. Jede virtuelle Maschine existiert isoliert und kann nicht auf den Speicherbereich anderer virtueller Maschinen oder des Host-Systems zugreifen. Bei der „VMware Workstation 5.5" wird derzeit das Prinzip der vollständigen Virtualisierung genutzt. Gast-Systeme können somit ohne adaptive Modifikationen in dem Programm zur Anwendung kommen. Des Weiteren werden die Betriebsmittel des Gast-Systems teilweise emuliert. Dies gilt zum einen für den Speicher, die Netzwerkkarte, die Graphikkarte, die Soundkarte sowie weitere Systemkomponenten. Zum anderen wird, wie das Prinzip der vollständigen Virtualisierung besagt, die Hardware direkt angesprochen. Dies ist beispielsweise bei den Laufwerken und dem Prozessor der Fall. Vorteilig ist die direkte Verwendung der CPU bei rechenintensiven Aufgaben, welche annähernd mit nativer Geschwindigkeit bearbeitet werden können. Mit der Teilemulation der Betriebsmittel erklärt sich der Aspekt, dass Instruktionen nur partiell auf der Hardware ausgeführt werden. Den virtuellen Systemen steht zudem ein eigenes BIOS zur Verfügung, welches unabhängig vom Host-System-BIOS ist. Das Programm „VMware Workstation 5.5" agiert unter einer „Typ II Architektur", woraus sich folglich die Existenz eines Host-Systems ableiten lässt. Ein signifikanter Nachteil für eine solche Lokalität der virtuellen Maschinen resultiert aus der Prozessbearbeitung des Host-Systems. Die virtuellen Systeme sind auf das Scheduling des gastgebenden Systems angewiesen, was zu Perfomanceeinbußen führt. Außerdem reserviert das Host-System wichtige Ressourcen, die den virtuellen Systemen nicht mehr zur Verfügung stehen können.

Das bedeutendste Modul in der „VMware Workstation 5.5", wie auch bei allen anderen Virtualisierungslösungen, ist der „Hypervisor". Dieser reguliert die Zugriffe von den virtuellen Maschinen auf die Hardware und ist zudem das einzige Modul, welches direkt mit den Gast-Systemen kommuniziert. Im „VMM" werden alle Betriebsmittel abgebildet. Wie bereits im Abschnitt „2.8.1 Funktionsweise des Hypervisors" erwähnt, ist der „VMM" dafür zuständig, die „privilegierten" und „sensitiven Befehle" zu behandeln. Dazu ist es notwendig, dass sich der „Hypervisor" und das Host-System im „Ring 0" der Privilegierung befinden. Eine weitere Aufgabe des „Hypervisors" ist die Bereitstellung eines eigens für die virtuellen Maschinen virtualisierten physischen Speichers. Der „VMM" kontrolliert folglich alle Speicherzugriffe. Einen wichtigen Punkt bei der „VMware Workstation 5.5" unter dem Aspekt des „Hypervisors" bilden die Ein- und Ausgabeanforderungen. Erfolgen die I/O-Anfragen in der virtuellen Maschine, wird das Gast-System unterbrochen.

Anschließend werden die Ein- und Ausgabezugriffe an das Treiberinterface des Host-Systems von den virtuellen Maschinen über den „VMM", den „VM Driver" und das „VM App" weitergereicht. Die bearbeiteten I/O-Operationen werden an den „Hypervisor" zurückgeleitet, wobei das Gast-System wieder fortgesetzt wird. Für den Prozess der Ein- und Ausgabezugriffe ist das Ergebnis identisch mit dem, welches von der realen Hardware kommen würde. Durch die beschriebene Vorgehensweise besteht die Möglichkeit, die Treiber des Host-Systems bei I/O-Anfragen zu nutzen. Als nachteilig ist dabei die steigende Prozessorauslastung anzusehen. Gerade bei häufigen I/O-Anfragen benötigt die CPU essentiell mehr Zeit [62].

Die Differenzierung der verschiedenen Interfaces zwischen dem Host-System und dem „Hypervisor" kann durch die Abfolge beim Installieren der virtuellen Maschinen bestimmt werden [11]. Das erste Interface, das bei der „VMware Workstation 5.5" zur Anwendung kommt, ist das „VM App". Nur dieses Modul wird vom Host-System detektiert und bildet den Bildschirminhalt der virtuellen Maschine ab [68]. Zudem leitet das „VM App" die Ein- und Ausgabeanfragen zwischen der virtuellen Maschine und dem Host-System weiter. Das Modul agiert als Interface zwischen den virtuellen Maschinen und dem Host-System und wird dabei als konventionelle Applikation angesehen [4]. Eine weitere Aufgabe des „VM App" impliziert die nähere Spezifizierung der Betriebsmittel von den virtuellen Maschinen. Es ist möglich, Netzwerkkarten, Festplattencontroller, USB-Controller sowie beliebig viel Hauptspeicher, dessen Größe von der Höhe des realen Speichers begrenzt wird, den virtu-ellen Systemen zuzuweisen. Es können Laufwerke nachgebildet oder die real existierenden verwendet werden. Dabei ist es nicht relevant, ob ein serielles oder ein paralleles Interface vorliegt.

Als letzter Bereich der angesprochenen Virtualisierungslösung ist der „VM Driver" zu nennen [62]. Bei der Installation der „VMware Workstation 5.5" wird das Modul in das Host-System implementiert. Der vollständige Zugriff auf die Hardware wird durch den „VM Driver" sichergestellt, wodurch das Laden des „Hypervisors" realisiert werden kann. Der „VMM" befindet sich dazu in einem für das Host-System nicht mehr zu identifizierenden unabhängigen Speicherbereich. Außerdem hat der „VM Driver" die Aufgaben, bei der Generierung der virtuellen Maschinen den „Hypervisor" zu erzeugen und als Interface zwischen dem „VM App" und dem „Hypervisor" sowie als Managementobjekt bei der Speicherverwaltung zu dienen.

Zu erwähnen sei noch das zusätzliche Softwarepaket „VMware Tools". Mit dieser Treibersammlung können die bestehenden virtuellen Systeme erweitert und optimiert werden. Die „VMware Tools" implizieren modifizierte Treiber für die meisten Betriebsmittel der virtuellen Maschinen. Als Vorteil sind die erhöhte Performance der virtuellen Maschinen sowie die Nutzung von weiteren Systemkomponenten zu nennen. Außerdem sind nützliche Funktionen enthalten, wie beispielsweise das „Drag and Drop". Mit dieser Technik ist es möglich, Dateien von dem Host-System in die Gast-Systeme zu kopieren [4].

n den zukünftigen Virtualisierungslösungen von „VMware" wird die Para-Virtualisierung fokussiert. Signifikant für diese Art der Softwarevirtualisierung ist die „Typ I Architektur". Es wird dazu ein Framework von neuen Schnittstellen entwickelt. Eines dieser Interfaces ist das „VMware Hypercall Interface" (VMHI), welches zukünftig die Kommunikation zwischen den virtuellen Maschinen und dem „Hypervisor" in der Para-Virtualisierung ge-stattet. Durch den Einsatz des „VMHI" können die Ressourcen des Prozessors effizienter genutzt werden. Die Systemaufrufe der virtuellen Maschine, welche als „Hypercalls" Bezeichnung finden, werden verwendet, um „privilegierte Befehle" vom „VMM" zu behandeln und auszuführen. Zudem besagt das Prinzip der Para-Virtualisierung, dass die Gast-Systeme Modifikationen unterlegen sind. Das „VMHI" ist in der Lage, Probleme bei der Entwicklung durch eventuelle Abweichungen, die bei dieser Art der Softwarevirtualisierung entstehen können, zu kompensieren [65]. Das Managen und Überwachen von virtuellen Maschinen in mannigfaltigen Virtualisierungsumgebungen kann durch das neu entwickelte „Management-Interface" verwirklicht werden. Die Schnittstelle ist in der Lage, automatisiert den ständig wachsenden Bedarf an Aufgaben zu bearbeiten. Eine bessere Zuverlässigkeit und Kosteneinsparungen sind die Folgen. Die Konzipierung weiter entwickelter virtueller Festplatteninterfaces ist einer der wichtigsten Bestandteile zukünftiger Virtualisierungslösungen. So können bei einem Wechsel zu einem anderen Anbieter durch interoperable Formate der virtuellen Festplatten die Konfigurationen erhalten bleiben. Eine Erleichterung tritt auch für die Virtu-alisierungsanbieter durch gemeinsam genutzte Formate in Kraft. Bei der Entwicklung von Festplattenprogrammen für die Analyse von virtuellen Festplatten sowie zur Erstellung von Backups ist die Existenz von proprietärer Festplattensoftware nicht zu erwarten.

Bei der Konzipierung von weiteren Schnittstellen für die Para-Virtualisierung sind folgende Prämissen zu beachten. Die Pflege und die Möglichkeit der Wartung sind einige Ansprüche, die bei der Para-Virtualisierung geäußert werden [64].

Dazu ist eine stabile Programmierschnittstelle erforderlich, die mit den eventuell verschiedenen Versionen der Gast-Betriebssystemkernel arbeiten kann. Eine weitere Voraussetzung besteht in der Portabilität der Gast-Systeme. Diese müssen für die Verwendung in den virtuellen Maschinen möglichst einfach zu modifizieren sein. Als Folge dessen ist zum einen mit Kosteneinsparungen und zum anderen mit weniger Aufwand bei der Programmierung der

Betriebssystemkernel zu rechnen. Die letzte Prämisse ist die Erweiterbarkeit. Dazu muss das Interface in verschiedene Abschnitte segmentiert werden. Somit können zukünftige Erweiterungen erfolgen und genau angepasst werden [63].

Anzumerken sind weitere Entwicklungen in der sechsten Version der „VMware Workstation". Es wird die Unterstützung für mehrere Monitore angeboten. Außerdem soll es möglich sein, Quad-Core-CPUs in der „VMware Workstation 6" zu verwenden. Eine wesentliche Neuerung stellt die Entwicklung einer Aufzeichnungsfunktion dar. Dem Virtualisierungsprogramm ist es möglich, Abläufe bei der Softwareentwicklung zu speichern. Kommt es zu einem Absturz in einem Gast-System, kann die Software alle Sequenzen der Entwicklung reproduziert und beschleunigt darstellen. Ein Einsatz in der Industrie ist denkbar, wenn die Nutzer bei einem Fehler der Software die erstellte Momentaufnahme dem Hersteller zuführen können. Dadurch kann das Unternehmen den Missstand in der Programmierung wesentlich schneller neutralisieren.

2.9 Vor- und Nachteile der Virtualisierung

Die in diesem Kapitel beschriebenen Vor- und Nachteile bilden einen wichtigen Punkt dieser Studie. Sie können als grundlegende Entscheidungshilfe in einem Unternehmen hinsichtlich dessen Investition sowie Ausrichtung gelten. Nach dem derzeitigen Stand der Entwicklung sind nicht mehr nur ausschließlich positive Aspekte der Virtualisierung zu nennen. Es sind erste Problemfelder entstanden durch die Erkenntnisse, die im praktischen Einsatz erlangt wurden. Festzustellen ist, dass die positiven Aspekte überwiegen. Dennoch sollte man die Nachteile nicht minder bewerten. Nachfolgend wird ein Auszug des kompletten Spektrums der Vor- und Nachteile dargelegt.

2.9.1 Vorteile der Virtualisierung

Hardwarebasierende Vorteile:

- Die Virtualisierung gewährleistet Plattformunabhängigkeit, wodurch ein hardware-unabhängiges Testen von Betriebssystemen möglich ist.

- Es können mehrere unterschiedliche Betriebssysteme gleichzeitig auf einer virtuellen Maschine genutzt werden.

- Die Virtualisierung hilft, die Kostensituation von Server und Storage durch effizientere Ausnutzung der vorhandenen Ressourcen zu verbessern. Ebenso ist eine bessere Skalierbarkeit gegeben.

- Dank eines geringeren Einsatzes von Hardware können die Kosten optimiert und die Hardwareressourcen geschont werden. Zudem sind durch die Verwendung von Virtualisierungslösungen geringere Ausfallquoten zu erwarten.

- Durch ein zentrales Monitoring ist eine bessere Administration der existierenden Systeme erreichbar. Bei entsprechender Überwachung der virtualisierten Systeme können Kapazitätsengpässe vermieden werden.

- Ein weiterer signifikanter Vorteil der Virtualisierung besteht in dem möglichen Einsatz von noch nicht entwickelter Hardware. Diese kann verwendet werden, obwohl bestimmte Systemkomponenten der Rechnermaschine noch nicht zur Verfügung stehen.

Softwarebasierende Vorteile:

- Die Verwendung von Virtualisierungslösungen führt zu einer Reduktion von Entwicklungs- und Testiterationen. Die Maschinen können zum Debuggen und Über-wachen der Testprogramme hinsichtlich relevanter Daten zum Einsatz kommen.

- Weiterhin sind Momentaufnahmen sowie die Realisierung von Backups in virtuellen Systemen zu jeder Zeit möglich. Es entfällt deren ständige Neuaufsetzung.

- Gegenüber nativen Systemen ist eine höhere Automatiersierbarkeit und wesentlich schnellere Datensicherung durchführbar.

- Mit Hilfe der Virtualisierung können mannigfaltige Systeme migriert werden. Ein solches Konzept ist unter dem Fachbegriff „Workload Migration" bekannt. Es sind zum einen reale auf virtualisierte Maschinen überführbar und zum anderen können angelegte Images in virtualisierte Systeme migriert werden.

- Es besteht die Möglichkeit, die virtualisierten Systeme in einer einzigen dynamischen Datenstruktur abzulegen. Dadurch besitzen die Maschinen den Vorteil der Portabilität.

- Das Klonen von virtuellen Maschinen ermöglicht ein Konzipieren von kompletten Rechnerlandschaften. Verschiedenste Bedingungen sind gefahrenfrei simulierbar, wobei mehr Möglichkeiten des Load-Balancing bestehen.

- Man kann durch die Bereitstellung von eigenen Laufzeitumgebungen für Programme verhindern, dass diese sich gegenseitig beeinflussen. Dies wird durch die Isolation der Software in einer eigenen Laufzeitumgebung realisiert (Workload Isolation).

2.9.2 Nachteile der Virtualisierung

Hardwarebasierende Nachteile:

- Die Performance bei der Virtualisierung ist bei Verwendung einer Virtualisierungsschicht essentiell geringer als die auf einer realen Maschine.

- Der Energieverbrauch der Virtualisierungslösungen ist zum derzeitigen Entwicklungstand exorbitant hoch. Die Parzellierung der Energie in den virtualisierten

- Betriebssystemen ist nur ungenügend.

- In einem System, in dem viele I/O-Anforderungen erzeugt werden, ist die Architektur einer „Hosted-Virtuellen-Maschine" ungeeignet [19].

Softwarebasierende Nachteile:

- Als primärer Nachteil kann die Lizenzproblematik genannt werden. Nach dem heutigen Kenntnisstand ist es noch ungeklärt, wie eine Software bei Verwendung von mehreren Prozessoren oder Multicore-Prozessoren zu lizenzieren ist.

- Bei der Architektur einer „Hosted-Virtuellen-Maschine" kann die virtuelle Maschine einem schlechten Scheduling des Host-Betriebssystems ausgesetzt sein.

- Ein weiterer Nachteil sind die exorbitant hohen Kosten bei der Administration solcher Systeme [18].

- Weiterhin kann die Verwendung von zu vielen konzipierten virtuellen Maschinen zu einer Erhöhung der Anzahl der zu überwachenden Systeme führen.

- Beim Accounting müssen zudem neue Verfahren zur Messung verursachungsgerechter Zurechnungen eingesetzt werden.

2.10 Stand der Entwicklung

Die Virtualisierung unterliegt derzeit vielfältigen Forschungen in den Bereichen der Informatik, Informationstechnologie und Physik. Die in diesem Kapitel aufgeführten Themen decken nur ein geringes Spektrum der momentanen Forschungs- und Entwicklungsarbeit ab. Die folgende Gliederung des Entwicklungsstandes der Virtualisierung orientiert sich an den Gesichtspunkten der Forschungsgruppe für Systemarchitektur der Universität Karlsruhe [45].

Als Einleitung in die aktuelle Thematik wird eine Untersuchung zur Kontrolle des Energieverbrauchs von virtuellen Maschinen mittels der Konzeption „Power Management" dargestellt. Die Virtualisierung bietet ubiquitäre Möglichkeiten für die Zuordnung von Ressourcen an. Als eine signifikante Komponente bei der Zuweisung von Energie ist vor allem der Prozessor zu nennen. Das Konzept „Power Management" besteht aus einer Reihe neuer Schedulingalgorithmen, die den Energieverbrauch und somit die Leistungsaufnahme von Prozessoren auf Grundlage von Software kontrollieren lassen. Prämisse für die herkömmlichen Betriebssysteme ist das Wissen um die Energiecharakteristik einzelner Tasks. Da also die restriktiven Mechanismen konventioneller Betriebssysteme in der Virtualisierung zur Parzellierung der Energie nur unzureichend sind, wird die Verteilung über einen in dem „Hypervisor" befindlichen neuen Scheduler reguliert und folglich umgesetzt. Dies hat zur Folge, dass parallel ausgeführte virtuelle Maschinen einen harmonischen Einklang der Taktfrequenzen finden. Ein Beispiel dafür ist eine virtualisierte Umgebung mit zwei virtuellen Maschinen. Während sich das erste System im Leerlauf befindet, kann das zweite unter Volllast agieren. Quintessenz bei der Budgetierung der Leistungsaufnahme ist der in dem „Hypervisor" neu implementierte Scheduler. Dieser misst als erstes die Leistungsaufnahme der virtuellen Maschinen und berechnet das daraus resultierende Budget. Verwendung einer solchen Methodik könnte es bei der Regulierung der Temperatur eines Systems geben.

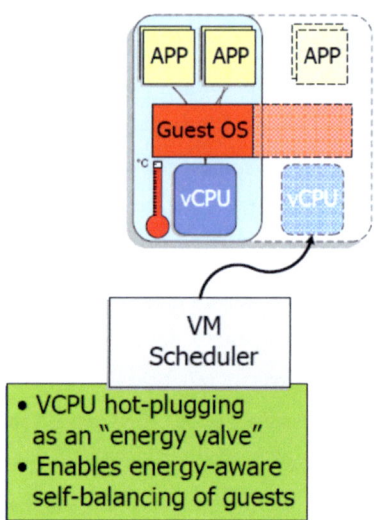

Abbildung 2-18: Temperaturregulierung infolge der Verteilung von Instruktionen auf die Prozessoren

In einem weiteren Beispiel kann der Scheduler einzelne Instruktionen in einem Mehrprozessorsystem auf einen kühleren Prozessor auslagern, die ansonsten zur Überhitzung eines anderen Prozessors führen würden, wie in Abbildung 2-18 dargestellt. Weiterhin ist es möglich, differentes Energieverhalten einzelner Tasks auszunutzen, um die Verteilung der Leistungsaufnahme einheitlich auf allen Prozessoren durchzuführen und somit ein Überhitzen der CPU abzuwenden. Außerdem kann eine Kontrolle der Prozessortemperatur infolge der Leistungsaufnahme erfolgen. Eine Minimierung der Temperatur verhindert zudem die Absenkung des Prozessortaktes und führt schließlich zu einem erhöhten Systemdurchsatz der virtuellen Maschine. Um die Konzeption des „Power Managements" auszuführen, wurde ein Mechanismus entwickelt, welcher die Charakteristik einzelner Instruktionen mittels Einsatz einer auf Ereigniszählern basierenden Abschätzung zuweist. Aufbauend auf dieser Charakterisierung wird eine Schedulingstrategie eingesetzt, die entsprechende Instruktionen an die Prozessoren weitergibt.

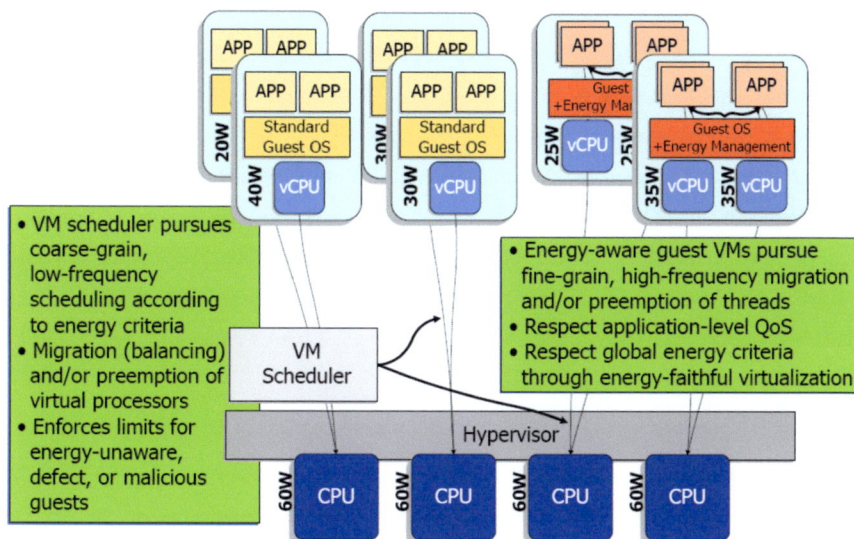

Abbildung 2-19: Energiemanagement mittels VM Scheduler

Das in der Abbildung 2-19 illustrierte Szenario beschreibt das Energiemanagement durch einen VM Scheduler. Wie zu erkennen ist, koordiniert eine im „Hypervisor" befindliche neue Kontrollinstanz die Verteilung der Energie. Der Scheduler misst den Energiebedarf der virtuellen Maschinen, wie rechts in der Abbildung 2-19 zu sehen ist, und reguliert die Energie durch Parzellierung. Dabei werden die „Quality of Services" (QoS) sowie die allgemeinen Energierestriktion nicht verletzt [33].

Die Implementierung von unveränderten Gerätetreibern ist ein weiteres Gebiet der derzeitigen Entwicklung in der Virtualisierung. Die Konzipierung von Gerätetreibern für moderne Komponenten der Rechnerarchitektur stellt bisweilen ein komplexes Problem dar. Es ist daher erstrebenswert, Treiber möglichst unmodifiziert für ein anderes Betriebssystem als für das eigentlich entworfene zu verwenden. Dazu ist es notwendig, diese so zu konzi-pieren, dass sie einen ubiquitären Status für dedizierte Systeme erhalten. Die Treiber sind dann in jedem erdenklichen Betriebssystem anwendbar, ohne sie aufwendig neu konstruieren zu müssen. Die Virtualisierung kann dies mittels eines Übersetzungsinterfaces verwirklichen.

Nachfolgend wird in einem praktisch relevanten Szenario die Treiberimplementation als ein weiterer Entwicklungsansatz beschrieben. Eine unter Windows arbeitende Komponente besitzt einen dedizierten Treiber. Es soll erforderlich sein, diesen in das Linux-Betriebssystem zu implementieren, obgleich dieser möglicherweise inkompatibel ist oder noch nicht für

Linux konstruiert wurde. In einem ersten Schritt ist es notwendig, die virtuelle Maschine mit dem Windows-Betriebssystem zu starten. Anschließend wird mittels eines hierfür installierten Übersetzungsinterfaces eine Schnittstelle zu dem extern agierenden Linux-Betriebssystem hergestellt. Die Portierungsschnittstelle befindet sich dabei in der Virtualisierungsebene und der Gerätetreiber, der unter dem Windows-Betriebssystem Anwendung findet, wird kontrolliert. Die durch einen Standardtreiber unter dem Linux-Betriebssystem erzeugten Geräteaufrufe werden dazu mittels Übersetzungsinterface an den spezifischen Treiber des Windows-Betriebssystems weitergeleitet. Dadurch ist es möglich, das eigentlich unter dem Windows-Betriebssystem verwendete Gerät mit seinem dedizierten Treibern durch ein Interface auch in Linux nutzbar zu machen.

Der abschließende Punkt zum Kapitel bildet die Pre-Virtualisierung [32]. Bei der „Vorvirtualisierung" handelt es sich um eine neuartige Technik, welche zur Konzipierung effizienter virtueller Maschinen entwickelt wurde. Ansatzpunkte zur Verbesserung sind bei der Pre-Virtualisierung die Nachteile der vollständigen Virtualisierung und Para-Virtualisierung.

Außerdem unterstützt diese Technik der Virtualisierung weltweit erstmalig die effiziente Wiederverwendung von Gerätetreibern für virtuelle Geräte. Das Konzept der „Vorvirtualisierung" kompensiert einerseits den hohen und sehr komplexen Aufwand zur Portierung von Systemen und kombiniert andererseits die Performance der Para-Virtualisierung mit der Modularität der vollständigen Virtualisierung [29]. Die „Vorvirtualisierung" bewahrt dabei gegenüber dem „Hypervisor" und dem Gast-Betriebssystem die Neutralität. Um die Konzipierung effizienter virtueller Maschinen zu bewerkstelligen war es notwendig, eine Art Compiler zu entwickeln und diesen zu integrieren. Mittels des konzipierten Compilers werden die privilegierten Instruktionen vor dem eigentlichen Übersetzungsvorgang erforscht und mit zusätzlichen Leerinstruktionen versehen. In Abbildung 2-20 wird eine Übersicht zur Methodik der Pre-Virtualisierung dargestellt.

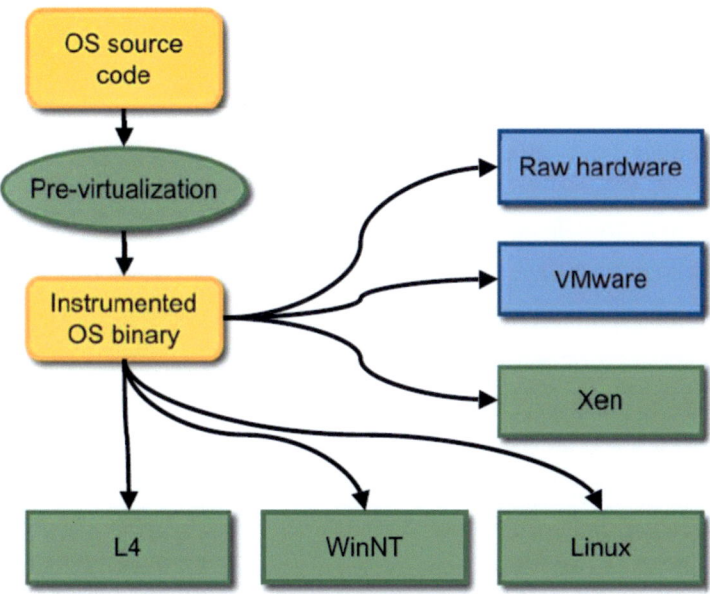

Abbildung 2-20: Methodik der Pre-Virtualisierungstechnik

Die Markierungen können dazu verwendet werden, die privilegierten Instruktionen aufzufinden und zur Laufzeit durch den entsprechenden Emulationscode zu ersetzen. Diese Vorgehensweise erfolgt durch den Compiler „In-Place Virtual Machine Monitor" (IPVMM). Dieser setzt die Hardwareschnittstelle auf das Interface der jeweiligen virtuellen Maschine um.

Parallel dazu können die pre-virtualisierten Systeme weiter direkt auf einem physischen Prozessor betrieben werden. Das Einfügen des Emulationscodes ist nicht mehr notwendig. Durch den Einsatz des „IPVMM" wird ein besseres Erfassen der kritischen Codestellen zur Laufzeit ermöglicht [28]. Dies ist durch einen deutlichen Rückgang des Leistungsverlustes bemerkbar. Zum adaptiven Anpassen auf verschiedene Virtualisierungslösungen ist nur das Modifizieren des Compilers notwendig, welches einen Vorteil der Pre-Virtualisierung darstellt. Zudem unterliegt die Pre-Virtualisierung derzeit zweier Methoden. Auf der einen Seite dem „Virtual Machine Interface" (VMI) und auf der anderen Seite dem „Afterburner Project". Das „VMI" ist ein von „VMware" vorgeschlagenes Interface, welches für die Pre-Virtualisierung ent-wickelt wurde. Im März 2006 wurde das „VMI" erstmalig manuell auf einem Linux-Kernel angewendet. Die „Afterburner Methode" wird in der Pre-Virtualisierung benutzt, um auto-matisch die „sensitiven Befehle" zu detektieren, die Leerinstruktionen hinzuzufügen und danach die Instruktionen zu ersetzen [30].

2.11 Validität der Virtualisierung

Der erste Teil des folgenden Kapitels setzt sich mit den rechtlichen Grundlagen im Virtualisierungsprozess auseinander. Im zweiten Teil werden einige Konzepte der möglichen Lösungsansätze beschrieben und auf deren Besonderheiten eingegangen.

Zweifelsohne sind die Vorteile der Virtualisierung unbestritten. Doch im Bereich der Rechtsgültigkeit gilt es noch einige ungelöste Probleme der Softwarelizenzierung anzuführen. In der Vergangenheit war es möglich, Anwendungen einem bestimmten Server zuzuordnen. Entsprechend einfach war die Gestaltung der Lizenzierung. Unternehmen, die mit dem Konzept der Virtualisierung tangieren, sollten sich nun stärker mit der Thematik der Softwarelizenzen vor der Anschaffung und Konzipierung auseinandersetzen. Im Hinblick auf die Virtualisierungstechnik sind die Lizenzmodelle der meisten Softwareanbieter nur unzureichend flexibel. Einsparungseffekte, die durch Reduzierung von Hardware und Personalaufwand beim Einsatz der Virtualisierung erzielt werden, können durch die erhöhten Softwarelizenzkosten nicht weiter amortisiert werden. Anzuführen sei hier, dass sich native Softwarelizenzen gewöhnlicher Weise auf die Anzahl der Prozessoren in einem Rechner oder Server beziehen. Diese Vorgehensweise innerhalb eines solchen Lizenzmodells wird mit dem Vorteil der Trivialität begründet. Weiterhin können so die Preise für Softwareprodukte besser kalkuliert werden.

Dementsprechend wäre es ein denkbar schlechtes Szenario, wenn mannigfaltige Software in mehreren virtuellen Maschinen auf einem Quad-CPU-Server eingesetzt wird. In diesem Fall wäre für jedes Softwareprodukt eine Vier-Prozessoren Lizenz nötig. Das gilt auch dann, wenn zum Beispiel zwei Prozessoren des Quad-CPU-Servers das ganze Jahr hindurch

arbeiten und im Gegensatz dazu die anderen zwei CPUs nur an einigen Tagen benötigt werden [26]. Für alle Prozessoren ist dasselbe Lizenzmodell zuständig, ohne Berücksichtigung der Einsatzzeit. Dies stellt einen kostenintensiveren Faktor dar, als bei einer Softwarelizenzierung je Server. Somit ist ein Konflikt schon vorprogrammiert.

Analog dazu ist die Thematik von Multicore-Prozessoren zu behandeln, solange noch keine entsprechende Bewertung der Softwarelizenz vollzogen wurde. Prozessoren, die zwei oder mehrere Rechenkerne implizieren, werden oft vom Softwareanbieter unterschiedlich betrachtet. Anzuführen ist das Beispiel das Lizenzmodell von Oracle (Silicon Valley, USA) für Multicore-Prozessoren.

Bei diesem werden bei einem Umstieg von einer Single- auf eine Multicore-Maschine entsprechend mehr Softwarelizenzen benötigt. Ein anderes Genehmigungsverfahren betreibt hingegen IBM mit der Ausrichtung der Lizenzierung an Prozessorsockeln. Eine Multicore-Maschine wird hier wie eine einzelne CPU behandelt. Begründet wird dies dadurch, dass die Leistung von mehreren Prozessoren anders zu bewerten ist als in einem Multicore-Prozessor. Einen weiteren Ansatz verfolgt das Unternehmen Computer Associates (Islandia, USA) mit der Anwendung eigener Testverfahren für ein Benchmarking [13]. Es erfolgt die Staffelung der Computer-Architekturen in Leistungsklassen, woraus sich die Höhe der Lizenzgebühren ergibt. Die Art der Prozessoren ist dabei unerheblich. Die Quintessenz dieses Verfahrens ist, dass nur die Leistung des Gesamtsystems bewertet wird.

Ein weiteres Problem stellt die Verwendung von gleicher Software auf mehreren virtuellen Maschinen auf einem Server dar. Kommt als Beispiel ein Softwareprodukt in vier virtuellen Maschinen auf einem Dual-CPU-Server zum Einsatz, ist es nach heutigen Maßstäben völlig unklar, ob nach den geltenden Lizenzbestimmungen der Softwareanwender zwei oder vier Lizenzen erworben werden müssen.

Einen ersten Vorstoß unter dem Aspekt der Lizenzierung in der Virtualisierung machte das Unternehmen Microsoft [25]. Bei diesem Verfahren ist jedoch einiges zu beanstanden. Unter anderem wird Microsoft vorgeworfen, dass nur dort Einsparungseffekte eintreten, wo Unternehmen weniger virtuelle Maschinen auf einem Server einsetzen als physikalische CPUs vorhanden sind [27]. Weiterhin hat auch Oracle erste Anpassungen bei Produktlizenzierungen vorgenommen. Die Lizenzkosten berechnen sich nach so genannten „Power Units". Dieses Verfahren basiert auf der Leistungsfähigkeit von Prozessoren [10]. Das erscheint im ersten Augenblick gerechter. Kritiker argumentieren aber, dass es für Kunden weniger planbar ist. Weder Oracle noch Microsoft bieten zufrieden stellende Lösungsansätze an, die einen Ausgangspunkt für zukünftige Lizenzierungsmodelle geben könnten. Ebenfalls fehlen derzeit adäquate Managementprogramme zur Softwarelizenzierung in virtuellen Maschinen.

Jedoch bietet das Konzept „Software als Service" einen möglichen Lösungsansatz zu den Problemen der bestehenden Lizenzierungsverfahren. Die Software wird dabei wie eine Dienstleistung behandelt. Das heißt, beansprucht man ein Programm, müssen dafür Aufwendungen entrichtet werden. Wie man diese Dienstleistung messen kann, stellt aber ein weiteres Problem dar.

Ein anderes Verfahren ist das „Value Licensing". Bewertet werden soll der Nutzen einer Software für den Anwender. Jedoch ist es noch ungewiss, wie der Wert einer Applikation beurteilt werden kann. Letzten Endes hat jedes Programm einen anderen Nutzen für den Anwender. Dies kann der Fall sein, wenn eine Applikation erst mit Bezug auf andere Programme einen Nutzen erhält. Anzuführen ist beispielsweise ein ERP-System in Abhängigkeit von Datenbanken.

Ein weiteres Konzept verweist auf das so genannte „Capacity on Demand". Bei diesem Verfahren werden erst dann Prozessoren auf einem Server frei geschaltet, wenn dieser zusätzliche Leistung benötigt. Diese werden sofort wieder gesperrt, sofern die zusätzliche Leistung nicht mehr erforderlich ist. Die Realisierung geschieht mittels Fernsteuerung durch einen Mitarbeiter. Man könnte ein solches Verfahren als Abrechnung nach Leistung beschreiben. Ein möglicher Nachteil der Prozedur ist, dass durch eine ständige Veränderung der Anzahl der Prozessoren viele Anbieter überfordert sein könnten.

Das als „Metering" bekannte Verfahren bildet einen weiteren Ansatz zur Lösung bestehender Lizenzierungsprobleme. Dabei wird unter einem zeitlichen Gesichtspunkt die Nutzung der Hardwareressourcen durch die Anwendungen protokolliert und später berechnet. Dies geschieht in Analogie zu einer Telefongesellschaft, die ein Gespräch nach Zeit berechnet und am Ende einer bestimmten Periode die Rechnung dafür stellt. Hier liegt auch gleichzeitig der Nachteil dieses Verfahrens, da Nutzer einer Applikation nicht kalkulieren können, in welcher Höhe die Lizenzkosten am Ende einer Periode zu entrichten sind.

Trotz der Polemik über die Lizenzierungsverfahren ist eine weitere dynamische Entwicklung und Nutzung der Virtualisierungstechniken in den Unternehmen zu erwarten [31]. An Lösungsansätzen und Ideen mangelt es den Herstellern nicht. Es ist aber davon auszugehen, dass ein perfektes Lizenzmodell in naher Zukunft nicht zu erwarten sein dürfte. Dies gilt vor allem für die Problembereiche Migration, Server-Konsolidierung und Virtualisierung von Server-Umgebungen.

3 Anwendungsbereiche der Virtualisierung

3.1 Einsatzmöglichkeiten und Einsatzgebiete

Es werden im folgenden Kapitel einige Anwendungen und Einsatzgebiete der Virtualisierung detailliert beschrieben. Dabei zeigen die aufgeführten Punkte nur einen kleinen Ausschnitt aus den mannigfaltigen Anwendungsgebieten der Virtualisierungstechnologie.

Als erstes Einsatzgebiet ist die Entwicklung und Evaluierung von Software zu nennen.

Gewöhnlicherweise ist dies ein sehr zeitintensiver und komplexer Prozess, welcher sich über Jahre erstrecken kann. Die Konzipierung der Software ist von Rückschlägen und Fehlern geprägt. Eine Lösung mittels Virtualisierung kann im Vergleich zu den konventionellen Verfahren als eine effektivere Variante angesehen werden. Im Gegensatz zur Emulation, welche eine komplette Hardware imitiert, können bei der Virtualisierung hardwarenahe Funktionen genutzt und somit Systemabstürze präzise verursacht werden. De Facto kann durch den Einsatz inhärenter Methoden der Virtualisierungssoftware, wie beispielsweise das Erstellen von Momentaufnahmen, die Vermeidung von kontraproduktiven Prozessen in der Entwicklung von Softwareprojekten sichergestellt werden. Die Systempunkte sollten in äquidistanten Zeitabständen oder an einem neuralgischen Punkt der Entwicklung konzipiert werden. Diesbezüglich können die Momentaufnahmen in einem linearen Prozess oder einem Prozessbaum festgehalten und bei Bedarf schnell wiederhergestellt werden. Durch diese effektivere Methode kann ein Fehler in der Entwicklung zum einen systematisch und zum anderen analytisch gelöst werden.

Die Softwareverfügbarkeit kann als ein weiteres Einsatzgebiet der Virtualisierung angeführt werden. Das Fehlen von spezifischer Software in den verschiedensten Betriebssystemen ist ein Nachteil für deren konventionelle Nutzung. Durch Virtualisieren der Betriebssysteme lässt sich die Problematik vermeiden. Beabsichtigt ein Nutzer eine spezielle Software unter einem anderen Betriebssystem zu verwenden, kann diese in einer virtuellen Maschine bereitgestellt werden. Ein Neustart des Computers ist bei einer eingesetzten Virtualisierungslösung nicht mehr erforderlich.

Die Virtualisierung findet bei der Systemüberwachung ein weiteres Anwendungsgebiet. Durch ein spezielles Verfahren können die verschiedenen virtuellen Maschinen auf einem Server zentral überwacht werden.

Fällt ein virtuelles System aus, kann dieses dann schneller ersetzt werden. Die Fehleranalyse gestaltet sich entsprechend einfacher, da das eventuell vorhandene Host-System den Absturz protokolliert hat. Zudem kann man die entstandenen Fehler die zum Absturz führten, durch das Nachbilden des Systems leichter analysieren.

In der IT-Branche aber auch in Laboratorien von Hochschulen und Universitäten findet sich ein nächster Einsatzbereich. Forscher und Entwickler können mannigfaltige Gruppierungen verschiedenster Hard- und Software konzipieren. Mit geringerem finanziellem Aufwand gegenüber konventioneller Aufbauten gestaltet sich die Erstellung derselben relativ einfach [21].

Die Erhöhung der Verfügbarkeit von Servern durch Redundanzbildung ist eine weitere Einsatzmöglichkeit. Dies liegt vor allen im Interessenbereich von Unternehmen, welche Dienstleistungen über ein Netzwerk oder das Internet bereitstellen. Aber auch in der Produktion kann die Verfügbarkeit von Server-Systemen signifikant erhöht werden. Eine analog zum verwendeten System konzipierte virtuelle Maschine kann als Absicherung gegen mögliche negative Einflussfaktoren, wie menschliches oder technisches Versagen, eingesetzt werden. Das virtuelle System agiert parallel zum bestehenden System. In der IT-Branche spricht man hierbei von der „Reliabilty" der Virtualisierung.

Der abschließende Punkt dieser Thematik ist die Konsolidierung bestehender Systeme. Die Zusammenführung von physischen Systemen auf wenige Server ist gegenwärtig das am meisten praktizierte Verfahren auf dem Gebiet der Virtualisierung. Dieser Vorgang ist unter dem Begriff „Workload Consolidation" in der IT-Branche bekannt. Durch die Konsolidierung kann der Energieverbrauch erheblich reduziert werden. Hinzu kommen weitere essentielle Verbesserungen durch die Auslastung der Server sowie durch die Kostenreduzierung beim Erwerb neuer Hardware.

Grundsätzlich kann man sagen, dass durch den Einsatz von Virtualisierungslösungen ein gewisses Spektrum von Problematiken in der IT-Branche bearbeitet werden kann. Die beschriebenen Probleme können mit den derzeit auf dem Markt befindlichen Virtualisierungsprogrammen gelöst werden.

3.2 Praktische Anwendungen in der Industrie

Als erstes Beispiel zur praktischen Anwendung in der Industrie wird das Modell der Firma SOKA-Bau (Wiesbaden, Deutschland) erläutert. Es gibt einen Einblick in die Verwendung der Virtualisierung. Das Unternehmen SOKA-Bau ist als größter deutscher Baudienstleister zuständig für die Urlaubs- und Lohnausgleichskasse der Bauwirtschaft. Der Ausbau der Hochverfügbarkeit der Server-Systeme sowie deren Konsolidierung wurden im Jahr 2003 durch die Einführung einer Virtualisierungslösung erreicht. Durch den Einsatz der Software „VMware GSX Server" konnten die Anforderungen bei der Evaluierung weitestgehend realisiert werden. Die Virtualisierungslösung befindet sich zum derzeitigen Stand in Verwendung und konnte bis jetzt die Vorgaben bei weitem übertreffen. Ein beschleunigtes Backup- und Recoveryverfahren ist als Vorteil zu nennen. Dank des Einsatzes des „VMware GSX Server" war es möglich, sechzehn physische Systeme auf nur zwei Vier-Prozessor-Maschinen der Firma Fujitsu-Siemens (Maarssen, Niederlanden) zu konsolidieren. Die Infrastruktur konnte somit ausfallsicherer und flexibler gestaltet werden. Durch die Konsolidierung der Systeme wurde die Auslastung der Server auf 80 % gesteigert. Eine Reduzierung des administrativen Aufwandes und die Verringerung der Installationszeiten um 90 % waren die Folge. Weiterhin konnten trotz Hochverfügbarkeit und Zusammenführung der Server die Kosten für den Betrieb der Systeme um 50 % reduziert werden [20].

Nachfolgend gibt das Modell der Energie AG (Linz, Österreich) als zweites praktisches Anwendungsbeispiel Aufschluss über die Virtualisierungsstrategien in Unternehmen.

Der europäisch agierende Konzern weist Kernkompetenzen in den Feldern Energie, Wasser und Entsorgung auf. Durch den Umzug der Rechnersysteme in den neuen Firmensitz konnte weniger Platz für die Server angeboten werden. Zudem wurden alternative Möglichkeiten für die Transportkostenreduzierung der physischen Rechner gesucht. Es erwies sich als die beste Lösung, einen größeren Anteil der bestehenden physischen Server in eine virtuelle Infrastruktur zu migrieren. Dieses Vorhaben konnte anhand der von „VMware" angebotenen Software „VMware P2V Assistant" realisiert werden. Das eingesetzte Migrationsprogramm ist in der Lage, eine Momentaufnahme der bestehenden physischen Systeme in eine virtuelle Maschine zu überführen. So kann gewährleistet werden, dass sich die komplexesten Konfigurationen einschließlich deren inhärenter Programme auf eine virtuelle Infrastruktur integrieren lassen.

Als Betriebssysteme der Server wurden Windows NT, Windows 2000 Server, Windows 2003 Server, Novell Netware (Waltham, USA) und Suse Linux eingesetzt. Die Migration der bestehenden Systeme erfolgte ausschließlich über „Local Area Network" (LAN) auf die Virtualisierungslösung „VMware ESX Server". Die durch die Überführung der bestehenden physischen auf virtuelle Systeme erzielten Zeiteinsparungen sind beträchtlich. Die Leistungsfähigkeit einer solchen Migration ist ebenfalls enorm, welches die Hochverfügbarkeit und Flexibilität der virtuellen Systeme belegen. Zudem konnte durch die Integration eines „Storage Area Network" ein schnelles und sicheres Desaster-Recovery-Backup ermöglicht werden. Eine gleichmäßige Verteilung der Rechenkapazität erfolgt mit Hilfe des Load-Balancing.

Gegenwärtig wird die virtuelle Infrastruktur, welche 73 virtuelle Maschinen umfasst, durch vier Hewlett Packard (HP) Server mit je acht 3,06 GHz Intel-Prozessoren sowie 32 GB RAM realisiert. Die Migration der virtuellen Maschinen während des Betriebes ist durch den Einsatz einer geeigneten Virtualisierungslösung umsetzbar. Bei dem Prozess der Überführung mittels des „VMware Virtual Center" mit „VMotion" entstehen für die Benutzer der physischen Server keine Unterbrechungen durch Ausfallzeiten. Innerhalb kürzester Zeit ist es so möglich, dass bei Hardwareausfällen oder anstehenden Wartungsarbeiten von der betroffenen Hardware auf andere physische Maschinen migriert wird. Ein weiterer Vorteil ist die Einsparung der Hardware-Kosten durch die Minimierung der eingesetzten Server sowie durch den Wegfall der physischen Vernetzung. Hier konnten durch den Einsatz der virtuellen Infrastruktur die Kosten für den Strom gegenüber der verwendeten LAN- und SAN-Switches um 76 % bis hin zu 92 % gesenkt werden. Aufgrund der Konsolidierung der Server mit den Virtualisierungslösungen ist auch die Anschaffung von immer größer werdenden Klimaanlagen nicht mehr notwendig. Diese werden gewöhnlich zur Kühlung der Systeme benötigt. Die Serverauslastung konnte durch die Konsolidierung der Systeme von 15 % auf 75 % gesteigert werden. Sämtliche virtuelle Maschinen lassen sich darüber hinaus zentral überwachen und verwalten, wodurch weitere Einsparungen in der Administration möglich sind. Es müssen außerdem nur wenige Minuten für die Einrichtung neuer virtueller Maschinen kalkuliert werden. Bislang dauerten Installationen sowie die Anschaffung neuer Hardware einige Tage bis hin zu einigen Wochen. Aufgrund der Erfahrungen, die durch den Einsatz der virtuellen Infrastruktur bei der Energie AG erlangt wurden, kann sich besonders kein Finanzvorstand den Argumenten der Virtualisierung entziehen [21].

Am Beispiel der Deutschen Post erfolgt eine abschließende Darstellung für Virtualisierung in der Industrie. Der Einsatz der Virtualisierungstechnik von „VMware" zusammen mit dem Metaframe-Aufsatz und den Intranet-Techniken führte zu einer deutlichen Senkung der Total Cost of Ownership (TCO) bei der Deutschen Post. Durch die Virtualisierung und Entkopplung des Speichers von den Servern konnten Speichergeräte separat mit neuer Hard- und Software ausgestattet werden. Das bei der Deutschen Post verwendete Programm zur Virtualisierung ist das von „VMware" distributierte „VMware ESX Server" mit dem „Virtuellen Symmetrischen Multiprozessorsystem" (SMP). Die eingesetzte Infrastruktur besteht aus drei „HP ML570 G2" Systemen mit vier Intel Xeon 2,8 GHz Prozessoren und jeweils 32 GB Arbeitsspeicher. Die Auslastung aller drei virtuellen Maschinen konnte dauerhaft zwischen 50 % respektive sogar auf 80 % gesteigert werden. Für eine optimale Bemessung der Auslastung von virtuellen Maschinen wird ein Wert von etwa 70 % angegeben. Durch die vorhandenen Reserven können auch bei Spitzenlasten Dienste noch angeboten werden. Für die Zukunft sind für die Beseitigung der aktuellen Engpässe sowie der Erfüllung kommender Anforderungen zwei weitere virtuelle Maschinen in Planung (Stand 2005).

4 Versuch Virtualisierung

Quintessenz dieser Studie ist das Erstellen eines Versuches. Damit der praktische Aspekt zur Thematik Virtualisierung demonstriert werden kann, ist das Konzipieren und Durchführen eines Versuches wichtig und notwendig. Um einige Versuche zu entwerfen, mussten im Vorfeld Anforderungsanalysen über die Durchführung und Realisierung erstellt werden. Bei der Gestaltung der Aufgabeninhalte wurde die Vermittlung von theoretischem und praxisnah fundiertem Wissen besonders fokussiert. Es werden dabei unter anderem die Konzepte und Besonderheiten der Virtualisierung angesprochen. Praktisches Wissen und Erfahrungen sollen erlangt werden.

4.1 Ziel des Versuches

Das Ziel des erstellten Versuches ist es, einen umfassenden Überblick über die Thematik und ihre Auswirkung in den Bereich der Informationstechnologie zu geben. Einen ersten Aspekt bilden dabei die Grundlagen. Der Versuch soll darüber hinaus den Aspekt der praktischen Erfahrung mit der Virtualisierung bilden. Hierbei soll zwischen den beiden Bereichen ein Kontext zu dem realen und virtuellen System hergestellt werden. Anhand einiger Aufgaben in den Versuchen soll die Praxistauglichkeit der Virtualisierung nachgewiesen werden.

Basierend darauf wird der Kontext zwischen realem und virtualisierten System mittels Protokoll und entsprechenden Tabellen polemisiert. Der Versuch soll zudem verdeutlichen, welche Entwicklungen auf dem Gebiet der Virtualisierungstechnologie bisher gemacht wurden und welche Einflussfaktoren dabei eine Rolle spielten. Außerdem zeigt der Versuch, welche Bereiche noch nicht realisiert werden können und welche Entwicklungen noch zu erwarten sind.

4.2 Voraussetzungen

Bei der Konzipierung des Versuches mussten zunächst einige Voraussetzungen geschaffen werden. Dazu bedurfte es einiger Analysen, welche Anforderungen an die Rechnerhardware sowie an die Virtualisierungssoftware gestellt werden können. Die im Versuch angewendete Virtualisierungssoftware sollte dabei möglichst viele Anforderungspunkte erfüllen.

Der Anspruch war zum einen, eine möglichst gut dokumentierte und intuitiv leicht zu bedienende Virtualisierungssoftware zu verwenden.

Zum anderen sollte diese eine gute Performance aufweisen, um einen möglichst störungsfreien Versuch ohne Unterbrechungen oder längere Wartezeiten zu gewährleisten. Ein weiterer Punkt bei der Auswahl der anzuwendenden Software bestand darin, dass diese das Konzept der Virtualisierung am besten repräsentiert. Des Weiteren sollen mannigfaltige Möglichkeiten zum Experimentieren realisiert werden. Hierzu wurden im Vorfeld einige bekannte und weniger bekannte Programme analysiert und auf die möglichen Anforderungen differenziert getestet. Alle virtualisierten Systeme wurden wissenschaftlich exakt geprüft. Jede Virtualisierungslösung wurde unter derselben Prämisse erprobt und anschließend verifiziert. Daraus folgt, dass bei allen Programmen die Größe des Arbeitsspeichers analog zu dem des Host-Rechners zugewiesen wurde. Die Festplatten, welche Anwendung finden sollen, wurden außerdem in gleich große Partitionen segmentiert, um die Vergleichbarkeit zu gewährleisten.

Durch das Anforderungsprofil konnte empirisch nachgewiesen werden, dass die Virtualisierungssoftware von „VMware" die meisten Gesichtspunkte erfüllt. Das Programm ist sehr gut dokumentiert und besitzt zudem eine entsprechende Performance. Ebenfalls erfährt „VMware Workstation" eine breite Unterstützung durch die Einbindung von Scripten sowie die verschieden auswählbaren Optionen. Derzeit stellt „VMware" die innovativsten Lösungen bereit, weshalb das Unternehmen unter anderem Weltmarktführer in der Virtualisierungsbranche ist. Dieser Punkt verdeutlicht außerdem, dass die Wahl unter den Aspekten Tendenz, Bedarf und Zukunftsvisionen ausgewählt wurde. Weiterhin gilt zu erwähnen, dass „VMware Workstation" die Möglichkeit bietet, die von einem nicht proprietären Programm konstruierten virtuellen Systeme in das eigene Virtualisierungskonzept zu migrieren. Solch ein Verfahren ist in dieser Form derzeit einzigartig und ein weiterer Vorteil der Software.

Außer der „VMware Workstation" wurden noch weitere Programme analysiert, die unter dem Aspekt der Virtualisierungslösung existieren. Die Virtualisierungsstrategien von „Parallels Workstation", „Virtual PC", „Virtual Server" und „QEMU" wurden verglichen [65]. Es wurde festgestellt, dass diese Programme teilweise eine erheblich schlechtere Performance aufweisen. Unter den Aspekten der Dokumentation und der Einstellungs-möglichkeiten konnte keine der erwähnten Alternativen überzeugen. Die Virtualisierungs-lösung „XEN" konnte leider aus zeitlichen Gründen keine Berücksichtigung mehr finden.

Im nächsten Schritt wurde das Anforderungsprofil an die Hardware erstellt. Dazu mussten bestimmte Restriktionen unter dem Gesichtspunkt der ausgewählten Virtualisierungssoftware erfüllt werden.

Die Hardwareausstattung des Experimentalrechners zur Vorbereitung des Versuches stellt sich wie in Tabelle B-1 dar. Der dedizierte Experimentalcomputer musste zudem vorkonfiguriert werden, um einen optimalen Verlauf des Versuchs zu gewährleisten. Gleichzeitig gilt dieser als Referenzmaschine und liefert somit die Lösungen, die im Versuch zu erwarten sind. Ebenfalls konnten mit Hilfe des Experimentalcomputers eventuell auftretende Fehler im Vorfeld gefunden und neutralisiert werden.

Als einen weiteren Punkt unter den Prämissen des Versuches gilt es die verwendete Software aufzuführen. Dabei wurden Forderungen nach einer geeigneten Analyse -und Benchmark-software geäußert. Diese sollte primär einen umfangreichen Überblick zu den Hardwarekom-ponenten geben. Die dargestellte Übersicht soll dabei in einer möglichst kompakten Form präsentiert werden, um eventuell auftretende Irritationen zu vermeiden. Weiter ist anzuführen, dass die Analyse -und Benchmarksoftware leicht zu bedienen ist und ferner die Durchführung eines Lastperfomancetests ermöglichen sollte.

Den letzten Aspekt unter den Voraussetzungen beinhaltet das Migrationskonzept. Es wurde eine Software gesucht, die ein physisches in ein virtuelles System portieren kann. Die Software soll jedoch kompatibel zu den verwendeten Programmen bleiben. Die Migrations-strategie des Programms „VMware Converter" erfüllt als einzige alle Vorraussetzungen und kommt folglich im Versuch zur Anwendung. Das Programm PowerConvert [44] von PlateSpin (Toronto, Kanada) konnte durch erhebliche Mehrkosten keine Verwendung finden [67].

4.3 Versuchsvorbereitung

Zur Vorbereitung des Versuches war es notwendig, einige grundlegende Parameter zu bestimmen. In einem ersten Punkt mussten Überlegungen zur Auswahl der virtuellen Maschi-ne angestellt werden. Man kam nach einigen Testzyklen zum Entschluss, die Systeme von Windows XP Professional und Suse Linux zu verwenden. Die Konzipierung dieser würde aber einen zu großen zeitlichen Rahmen in Anspruch nehmen. Deswegen wurden die virtuel-len Systeme schon im Vorfeld erstellt. Die vorgefertigten Maschinen sollen später auf ein portables Medium geschrieben werden. Dies bietet zum einen den Vorteil, die Auswirkungen der Virtualisierung besser darzustellen und zum anderen ist dieses Konzept flexibler als konventionelle Methoden der Speicherung von virtuellen Systemen. Bei der Konzeption der virtuellen Maschinen mussten darüber hinaus noch weitere Aspekte beachtet werden.

Beispielsweise sollen diese nur in einer Grundversion verfasst werden. Argument dafür ist, dass bei der Versuchsdurchführung einige Effekte zur Optimierung für die Virtualisierungssoftware verdeutlicht werden. Ebenfalls war es erforderlich, den Arbeitsspeicher des Gast-Betriebssystems nicht ordnungsgemäß zu dimensionieren. Die Einstellungen sollen hierzu in einem Versuch des Versuches getätigt werden, um eine Vergleichbarkeit der Systeme zu gewährleisten. Weiterhin mussten in das Gast-System von Windows XP Professional mehrere Verzeichnisse integriert werden. Dieser Vorgang war notwendig, um im Vorfeld einige konzipierte Batchdateien in die virtuelle Maschine zu implementieren.

Um auf den Aspekt des Host-Systems einzugehen, mussten entsprechend des Versuchs einige Verzeichnisse angelegt werden. Die dabei erstellten dedizierten Verzeichnisstrukturen sollen einerseits die Arbeit weiter erleichtern und andererseits einen reibungslosen Ablauf der Versuche garantieren. Die konzipierten Ordner auf dem Host-System haben zudem noch einige besondere Funktionen. Als Beispiel sollen diese die notwendige Software für die Versuche bereitstellen. Ferner werden die Verzeichnisse später in einer Aufgabe des Versuches als „Shared Folder" verwendet. Weiterhin musste sichergestellt werden, dass eine Analyse- und Benchmarksoftware auf dem Host-System vor Versuchsbeginn installiert wurde. Das dabei verwendete Programm verdeutlicht in einer Aufgabenstellung des Versuchs den Vergleich zwischen Host- und virtualisierten System. Außerdem entfällt durch das Implementieren der Analyse- und Benchmarksoftware eine zeitaufwendige Installation auf dem Host-System.

In einem weiteren Durchführungspunkt werden die empirisch gewonnenen Ergebnisse in die erstellten Tabellen eingetragen. Dadurch kann der Ablauf des Versuchs besser arrangiert und kontrolliert werden. Weiterhin soll mit dem Konzipieren der Tabellen bezweckt werden, dass die Aufgabenstellungen präzise ausgeführt werden können. In einer ersten Tabelle soll der Vergleich eines realen und virtualisierten Systems erarbeitet werden. Die dazu erstellte Gliederung gibt dabei einen Kontext zwischen beiden Systemen. In der darauf folgenden Tabelle werden die im Vorfeld verfassten virtuellen Maschinen vor und nach der Optimierung differenziert betrachtet. In der dritten konzipierten Gliederung soll es erforderlich sein, die Performance der realen und virtuellen Systeme aufzunehmen.

Der Speicherbedarf der erstellten Festplatten soll in der letzen und abschließenden Tabelle des Versuches notiert und später debattiert werden. Dann könnten vor Beginn des Versuchs die Tabellen ausgedruckt und diese später in den verschiedenen Versuchen verwendet werden.

Einen weiteren signifikanten Bestandteil zur Vorbereitung des Versuches stellt das Konzipieren von Batchdateien dar. Diese sollen einen optimierten Verlauf des Versuchs garantieren. Dafür mussten die Installationsroutinen adaptiv angepasst werden, um einige Einstellungen des Versuches zu gewährleisten. Ebenfalls war es notwendig, im Vorfeld diverse Dateien zu erstellen und zu konfigurieren. Ursache ist zum einen, dass die Eingabe einer verifizierten Seriennummer den schon sehr knapp bemessen Zeitfaktor weiterhin strapazieren würde. Ebenso wird damit ausgeschlossen, dass die Seriennummer später missbraucht werden könnte. Zum anderen wurden Spezifikationen getroffen, die ein besseres Verständnis vermitteln sollen. Es ist ein besseres Fokussieren auf die eigentlichen Schwerpunkte der Versuche zu erwarten. Ebenfalls soll die konzipierte Batchdatei eine autonome Installation gewährleisten. Dies hat zur Folge, dass wichtige Einstellungen im Vorfeld definiert werden können, um somit bestimmte Problematiken zu vermeiden. Weiterhin musste eine Batchdatei so konstruiert werden, dass ein Auslesen der IP-Adressen ermöglicht wird. Folglich konnten hierdurch die Versuche optimiert und der zeitliche Faktor minimiert werden.

Die Auswahl des zu verwendenden Mediums war ein zusätzlicher Aspekt bei der Erstellung des Versuches. Dazu konnte eine Lösung schnell herbeigeführt werden. Das Er-stellen einer „Digital Versatile Disc –ROM" (DVD-ROM) kann gewährleisten, dass ausreichend Speicherbedarf zur Verfügung steht. Ein weiteres Argument dafür ist, dass die konzipierten Batchdateien und die Analysesoftware autark zum Host-System existieren. Somit konnten weitere Fehlerfaktoren reduziert werden. Außerdem wurden durch ein erstelltes Anforderungsprofil die Voraussetzungen der späteren Versuchsrechner ermittelt. Dazu sollte die Möglichkeit der Installation sowie der Durchführung des Versuchs gegeben sein. Deswegen mussten Arbeitsspeicher, Festplattenkapazität sowie andere spezifische Kenngrößen durch empirische Überprüfungen ermittelt werden. Das Konzipieren eines Experimentalrechners diente dem Verifizieren der Versuchsanordnung und des Versuchsverlaufs. Die daraus resultierenden Daten stellen dabei einen Vergleichswert für den späteren Versuch dar. Die in den späteren Versuchen erreichten Werte sollen sich an den Daten des Experimentalrechners mit vergleichbarer Ausstattung approximieren.

4.4 Beschreibung der Aufgaben

Der Versuch wurde in mehrere Kapitel mit jeweiligen Teilaufgaben gegliedert, welche nun nachfolgend einzeln erläutert werden. Die Grundlagen sowie die Zusammenhänge der Virtualisierung sollen im ersten Teil des Versuchs praxisnah untersucht werden. Weiterführende Aufgaben zur praktischen Anwendung in der Industrie sind im zweiten Teil des Versuches durchzuführen. Bei der Durchführung des Versuches soll zunächst das Host-System untersucht und dessen Performance ermittelt werden. Dies stellt im späteren Verlauf des Versuchs, mit einigen anderen Kapiteln, einen Kontext zwischen realem und virtuellem System her.

Zunächst soll durch eine trivial gewählte Aufgabe der Einstieg in den Versuch erleichtert werden. Dazu wurde die Installation der Virtualisierungssoftware gewählt. Im Anschluss daran soll das Programm gestartet und konfiguriert werden. Nachdem sich ein Überblick zur Virtualisierungssoftware verschafft wurde, ist die erste Anwendung, eine virtuelle Maschine zu integrieren. Um das Arbeiten im weiteren Verlauf des Versuches zu erleichtern, ist es empfehlenswert, die virtuellen Maschinen in der Favoritenliste zu integrieren. Anschließend soll das Gast-System gestartet werden, um das Konzept der Virtualisierung funktionell zu demonstrieren. Im Anschluss daran wird mit der Installation einer zusätzlichen Erweiterung eine Optimierung der virtuellen Maschine sichergestellt. Abschließend zum ersten Kapitel soll eine zweite virtuelle Maschine dem Programm hinzugefügt werden. Mit der Integration einer weiteren Maschine wird gezeigt, dass die Virtualisierung kein spezifischer, sondern vielmehr ein ubiquitärer Prozess ist.

Im zweiten Punkt des Versuches ist eine Verbindung zu den externen Systemen herzustellen. Dieser Vorgang zeigt auf, dass obgleich ein System virtualisiert wurde, es mit anderen externen Systemen kommunizieren kann. Im Versuch soll dieses Verfahren den Zugriff auf den Host ermöglichen und bei eventuell auftretenden Problemen eine alternative Lösung bereitstellen. Das Erstellen einer Verbindung zwischen Host- und Gast-System hat noch weitere Intentionen. Es soll speziell für diesen Versuch den Zugriff auf relevante Daten ermöglichen. Dieser Schritt ist erforderlich, um den Fortlauf des Versuchs zu gewährleisten. Sofern eine Verbindung zwischen dem Host- und Gast-System erstellt wurde, kann in dieser Aufgabe die Analyse- und Benchmarksoftware in der virtuellen Maschine implementiert werden. Es ist somit nicht erforderlich, bestimmte Daten und Softwares in einer erstellten Maschine zu integrieren.

Die Quintessenz dieses Versuches bildet der Kontext zwischen realem und virtualisiertem System. Hierbei soll aufgezeigt werden, welche Strategie die Virtualisierung verfolgt und wie dies praktisch realisiert wird. Es soll im Weiteren polemisiert werden, weswegen ein ubiquitäres Konzept in der Virtualisierung zur Anwendung kommt. In einem ersten Versuch wird dies durch einen Vergleich zwischen Host- und Gast-Rechner nachgewiesen. Das Im-plementieren der Analysesoftware hilft dabei, das grundlegende Konzept der Virtualisierung zu verstehen. Zu diesem Zweck wird es erforderlich sein, ein Protokoll zu führen und in den zuvor verfassten Tabellen die notierten Werte zu vergleichen. Abschließend erfolgt eine Versuchsauswertung. Dabei werden die Ergebnisse des Versuches nochmalig auf den Kontext zwischen realer und virtueller Maschine untersucht.

Einen weiteren Teil des Versuchs stellt die Überprüfung der Performance dar. Dabei ist mittels durchzuführender Benchmark sicherzustellen, in wie weit sich das virtualisierte vom realen System differenziert. Dieser Vergleich stellt einen bedeutsamen Punkt bei der Bereitstellung von Ressourcen in der IT-Branche dar. Die Feststellung des Lastverhaltens kann weiterhin zur Optimierung, Qualitätssicherung, Dimensionierung bis hin zur Erstellung von Lastprofilen verwendet werden. Außerdem soll bei der Untersuchung der Performance die Vergleichbarkeit der Systeme vermittelt werden. Am Ende dieses Versuchs zum Lasttestverhalten werden die zu erwartenden Ergebnisse mittels Tabelle diskutiert.

Es folgt im Anschluss daran eine weitere Aufgabe zur Thematik Dimensionierung. Argument hierfür ist, dass beim Anfertigen einer virtuellen Maschine eventuell noch nicht kalkulierte Aufgaben später integriert werden müssen. Dadurch ist die Bemessung der vorhandenen Ressourcen falsch dimensioniert. Hierzu sollte es ermöglicht werden, diese Problematik zu hinterfragen und das Missmanagement beim Sizing zu beseitigen. Realisiert wird die Aufgabe durch das Erstellen einer so genannten Batchdatei. Dies ist erforderlich, da es noch keine Einstellungsmöglichkeiten in der heutigen Virtualisierungssoftware gibt. Um die Verwendung mit virtuellen Laufwerken optimal zu bemessen, wird die Realisierung dessen aufgezeigt. Zu diesem Zweck soll im ersten Teil dieser Aufgabestellung eine Festplatte erstellt werden. Zum Lösen der Aufgaben müssen entsprechende Parameter verwendet werden. Diese befinden sich in einer dafür erstellten Textdatei. Die zu verwendenden Parameter sind dabei in einer speziell vorgesehenen Batchdatei zu integrieren. Dabei zeigt sich, dass der Umgang mit Batchdateien heutzutage noch unerlässlich ist. Nach dem erfolgreichen Anfertigen des virtuellen Laufwerks soll es in das Gast-System integriert werden.

Weiterhin wird untersucht, in wie weit sich die Größe und Wahl des Festplattentyps auf den Speicherbedarf auf dem Host auswirkt.

Im zweiten Abschnitt zur Laufwerkskonfiguration soll eine bestehende Festplatte erweitert werden. Dieses Unterfangen kann nur in einer virtuellen Umgebung realisiert werden. Auf einem realen System kann diese Vorgehensweise nicht angewendet werden. Nachdem die Aufgabe zur Expandierung gelöst wurde, soll diese ebenso in die virtuelle Maschine integriert werden. Außerdem soll die virtuelle Festplatte Verwendung finden, indem ihre Funktionalität verifiziert wird. Hierzu muss diese konvertiert und initialisiert werden. Nach dem Formatieren der virtuellen Festplatte kann diese theoretisch Anwendung finden.

Die Definition einer erweiterten Festplatte, die einen größeren Wert als die auf dem Host befindliche Festplatte hat, findet im nächsten Abschnitt statt. Damit wird aufgezeigt, dass es in der Virtualisierung durchaus möglich ist, nicht vorhandene Ressourcen oder Komponenten zu verwenden. Dieses ist ein weiterer Bestandteil und gleichzeitig auch Vorteil des Konzepts der Virtualisierung. Bei dieser Aufgabe soll ebenso die virtuelle Festplatte auf Funktionalität überprüft werden. In einer anschließenden Diskussion zu diesem Bereich sollen Rückschlüsse ziehen können und den Bedarf sowie die Zukunft der Virtualisierung betrachten.

Anschließend wird eine weitere neu erstellte Festplatte transformiert. Dieses Vorhaben soll weitere Grundlagen der Virtualisierung vermitteln. Es ist dabei unerheblich, welche Wahl beim Typ der Festplatte getroffen wurde. Zum Schluss soll beurteilt werden, ob Änderungen am Speicherbedarf der transformierten Festplatte eingetreten sind.

Am Ende dieser Thematik wird eine alternative Lösung vorgeschlagen. Im Gegensatz zu den vorangegangenen Aufgaben ist keine Festplatte, sondern ein komplettes System in die virtuelle Maschine zu integrieren. Darüber hinaus muss ein neues System konzipiert werden. Es sind hierzu alle erforderlichen Einstellungen zu erproben, die bei der Erstellung notwendig sind. Abschließend ist es die Aufgabe, zwischen dem Einbinden von virtuellen Festplatten und virtuellen Maschinen zu differenzieren.

Einer der essentiellen Vorteile einer virtuellen Maschine ist das Erstellen von Momentaufnahmen. Die Polemik wird von Systemwiederherstellungspunkten innerhalb dieses Aufgabenteils mit einigen praktischen Beispielen verdeutlicht. Dadurch werden das Konzept und dessen Auswirkung demonstriert und Rückschlüsse auf die verschiedenen Prozesse ermöglicht. Gleichzeitig soll das Managen einer Momentaufnahme generell vermittelt werden.

Zuvor erfolgt die Anfertigung von Anhalte- und Wiederaufnahmefunktionen. Mit der Installation der Software „Adobe Reader 8.0" werden die Folgen dieses Konzepts untersucht und polemisiert. Während der Installation soll die Anhaltefunktion getätigt werden. Später ist der ursprüngliche Zustand wiederherzustellen. Analog dazu ereignet sich dieser Vorgang immer öfters in größeren Unternehmen, wobei meist langwierige Installationen am Ende abgebrochen werden. Zum Schluss der Aufgabe zur Anhalte- und Fortsetzfunktion soll zwischen einer Momentaufnahme und dem wieder aufgenommenen Status differenziert werden.

Als einer der zentralen Punkte beim Konzipieren von Momentaufnahmen stellt sich der lineare Prozess dar. Es soll verdeutlicht werden, dass diese Methode einen essentiellen Bestandteil bei der Erstellung von Systemwiederherstellungspunkten bildet. Ergänzend

hierzu wurde die Installation einer Testsoftware gewählt, wobei etwaige Stadien der Softwareentwicklung simuliert werden. Die Bestimmung eines neuralgischen Punktes für die Sicherung stellt beim linearen Prozess einen signifikanten Aspekt dar. Nachdem das Ergebnis der Softwarefunktionalität verifiziert wurde, sollte jeweils ein Systemwiederherstellungspunkt konzipiert werden. Der Vorgang des Erstellens und Wiederherstellens ist dabei beliebig oft reproduzierbar und führt an den gleichen Systempunkt zurück, an dem eine Momentaufnahme getätigt wurde. Die Bezeichnung des Systempunktes sollte dabei jeweils einen signifikanten Zustand beschreiben. Nach einer bestimmten Anzahl von Testzyklen soll die Software mit einem provozierten Fehler gefunden werden. Dabei ist die nachfolgende Momentaufnahme dementsprechend zu kennzeichnen. Nachdem das Ergebnis betrachtet wurde, sollte der letzte noch funktionierende Status der Testsoftware in einer Momentaufnahme angesteuert werden. Dadurch wird das Konzept des linearen Prozesses und dessen Auswirkung demonstriert, sodass man Rückschlüsse auf weitere Verwendungen erhält.

Innerhalb des zweiten Teiles zum Konzipieren von Momentaufnahmen soll ein Prozessbaum betrachtet und konzipiert werden. Obwohl im vorhergehenden linearen Prozess Aufnahmen jeweils in einer einzelnen langen Sequenz gespeichert wurden, geschieht dies hier in einer konkatenierenden Abfolge von Sequenzen als Verzweigungen. Diese Vorgehensweise wird von einem neuralgischen Punkt, der so genannten Basis aus realisiert. Ein Beispiel dazu veranschaulicht die Verwendung dieser Methode. Des Weiteren wird die prägnante

Charakteristik des Prozessbaums beschrieben. Als Ziel dieses Versuches soll unterschiedlichste Software isoliert voneinander betrachtet und bei erfolgreicher Validierung konsolidiert werden. Um einen praktischen Bezug zur Thematik herzustellen, wird die Software jeweils auf Funktionalität geprüft.

Hierbei werden entsprechende Statusaufnahmen verfasst. Das Erstellen und Wiederherstellen derselben ist dabei, wie schon bei einem linearen Prozess, reproduzierbar. Die Notation des Systempunktes soll dabei den jeweiligen Zustand charakteristisch beschreiben. Nachdem man die mannigfaltige Software isoliert voneinander betrachtet hat, wird sie in einem letzten Punkt konsolidiert. Im Schlussteil soll dabei die Funktionalität nochmals geprüft und in einem kennzeichnenden Systempunkt bezeichnet werden. Zuletzt soll der Verwendungszweck sowie die Anwendung eines Prozessbaums disputiert werden.

Das Duplizieren von Momentaufnahmen bildet einen weiteren Abschnitt zur Sicherung von Systemen. Außerdem wird bei diesem Konzept vorgestellt, wie effizient und sicher identische Systeme dupliziert und wiederhergestellt werden können. Dabei liegt der Fokus primär auf dem Restaurieren eventuell verloren gegangener Arbeitsschritte sowie dem Wiederaufnehmen dieser. Zudem soll diese Teilaufgabe als Vorbereitung und Einleitung für die darauf folgende Thematik dienen. Am Ende dieses Abschnittes besteht die Aufgabe, sich mit dem Ergebnis des Klonens von Momentaufnahmen auseinanderzusetzen. Dabei soll der Kontext zwischen verlinktem und vollem Klon diskutiert werden.

Im nachfolgenden Kapitel wird das Anfertigen von Sicherungen einer virtuellen Maschine fokussiert. Dies stellt einen weiteren wichtigen Punkt der Virtualisierung dar. Das Klonen von virtuellen Systemen ist dazu erforderlich. Außerdem soll mit dieser Aufgabenstellung das analytische Lösen komplexer Probleme bei mannigfaltigen Systemen vorgestellt werden. Zusätzlich kann ein Einsatz in multivalenten Testszenarien erfolgen. Des Weiteren werden in diesem Kapitel die spezifischen Vorteile des Klonens dargelegt und auf das effiziente und optimale Verfahren zur Sicherung bestehender Systeme hingewiesen. Es wird zudem verdeutlicht, dass diese Konzeption ein schon länger bekanntes Verfahren der Sicherung ist. So findet das Konzept praktische Anwendung bei IT-Unternehmen, welche komplette Rechnerlandschaften danach konzipieren. Aus den vorher aufgeführten Gründen soll die in diesem Versuch verwendete virtuelle Maschine geklont werden. Dabei ist im ersten Teil die Option eines vollständigen Klons zu wählen. Nachfolgend soll ein weiterer Klon eines Gast-Systems konstruiert und im Gegensatz zur vorhergehenden Aufgabenstellung ein verknüpfter Klon konzipiert werden. Die Erörterung des Kontexts zwischen einen verknüpften und einem voll erstellter Klon bildet den letzten Schritt in dieser Thematik.

Es folgen Aufgaben zur Erstellung und Konfiguration von virtuellen Teams. Da das Thema der Konsolidierung eines jener Konzepte ist, die zurzeit bei vielen Firmen Anklang finden, wird man im Versuch mit der Thematik vertraut gemacht. Nach einigen Beispielen und der Darstellung der Vorteile bei der Erstellung von Teams werden erste Maßnahmen zur Konfiguration vorgestellt. Die Beschreibung des zu erstellenden Teams soll entsprechend gestaltet werden. Nach der Konzipierung ist es die Aufgabe, diese auf Funktionalität prüfen. Die Verminderung des Arbeitsspeichers der virtuellen Maschinen nach der schon bekannten Formel muss dabei beachtet werden. Weiterhin soll eine Differenz bei der Option des zeitlichen Startens der virtuellen Maschinen eingestellt werden. Dies dient dazu, die Minimierung von Engpässen eines Systems zu beleuchten. Ebenso kann man Rückschlüsse zur Erstellung einer solchen zeitlichen Retardation tätigen. Nach der erfolgreichen Konzipierung eines ersten Teams wird ein weiteres Team verfasst. Somit wird das Erstellen eines weiteren Klons im zweiten Teil der Zusammenführung von virtuellen Systemen notwendig. Jedoch soll der ohnehin schon schmale Zeitfaktor nicht weiter strapaziert werden. Deswegen ist das Erstellen eines verknüpften Klons unerlässlich. Nach Abschluss und Verifizierung der Funktionalität des zweiten Verbunds finden die konstruierten Teams in den folgenden Kapiteln weitere Anwendung.

Der nächste Punkt des Versuches beinhaltet das Konzipieren virtueller Netzwerke. Ein solches soll innerhalb der konstruierten Teams erstellt werden. Dies zeigt die multivalenten Einsatzmöglichkeiten der virtuellen Maschinen auf. Als Grundlage dienen dabei die zuvor erstellten Teams. Es werden weiterhin einige Einsatzmöglichkeiten beschrieben. Außerdem soll ein isoliertes Netzwerk erstellt werden, welches nur innerhalb des Host-Systems existent ist. Dafür muss ein so genanntes LAN-Segment konstruiert und konfiguriert werden. Es wird dadurch aufgezeigt, dass ein konzipiertes Netzwerk völlig autark zu anderen Netzwerken existiert und dabei nicht identifiziert werden kann. Daneben ist das Einlesen von IP-Adressen ein notwendiger Bestandteil bei der Überprüfung der Funktionalität. In einer zu öffnenden Konsole soll überprüft werden, ob das Host-System über das Netzwerk angesteuert werden kann. Gleichzeitig wird die Netzwerkfunktionalität virtueller Maschinen überprüft und somit nochmalig die Isolierung des erstellten Netzwerks verdeutlicht. Abschließend soll eine Diskussion geführt werden, in der weitere Einsatzfelder disputiert werden.

Das Konzept der Migration bildet den abschließenden Punkt des Versuches. Hierbei wird die Portierung von realen zu virtuellen Systemen realisiert. So sollen praktische Erfahrungen bei der Migration von Systemen erlangt werden.

Dazu dienen die später aufgeführten Beispiele zur Verwendung der Migration. So erlangt man Rückschlüsse auf die weiteren Verwendungen. Um auch auf die Flexibilität eines solchen Konzeptes einzugehen, wird ein weiteres Beispiel zum Veranschaulichen dargelegt. Man ist dadurch in der Lage, ein komplettes System über Netzwerk zu migriren. Durch ein darauf folgendes hypothetisches Szenario sollen weitere praktische Anwendungsgebiete vermittelt und zugleich der praktische Aspekt der Migration hinterfragt werden. Dazu sind jedoch einige vorbereitende Schritte, wie die Installation einer Migrationssoftware notwendig. Nach einer erfolgreichen Implementierung des Programms auf dem Host, soll sich ein Überblick verschafft werden. Anschließend wird mit dem Start der Überführung mittels einer vorgegeben Migrationsroutine begonnen. Das gestaltete Programm ist sehr intuitiv, da die einzelnen geforderten Schritte dargestellt werden. Nachdem die gewählten Einstellungen getroffen wurden, kann mit der Migration begonnen werden. Dieser Vorgang ist zeitlich abhängig von der Festplattenkapazität. Das heißt, je größer die gewählte Partition oder Festplatte ist, umso länger dauert die Migration. Daraus ist zu schlussfolgern, dass die Intention in der Auswahl nur in der primären Partition besteht. Nach Abschluss der Migration soll das überführte System in die Virtualisierungssoftware integriert werden. Es werden Erkenntnisse über die Auswirkungen dieses Konzeptes erlangt. Nachdem das portierte System auf Funktionalität verifiziert wurde, soll abschließend durch die empirisch gewonnenen Werte ein Kontext zwischen realen und virtualisierten Systemen hergestellt werden.

4.5 Ausblick

Unter Betrachtung zukünftiger Anwendungen und Verfahren in der Informationstechnologie soll ein Ausblick auf die Entwicklung der Virtualisierung gegeben werden. Infolge dessen wird es notwendig werden, bei der Durchführung des Versuchs Änderungen vorzunehmen. Diese müssen adaptiv an den technologischen Fortschritt angepasst werden.

In einem ersten Punkt wird das Konzept der Migration betrachtet, da es noch am Anfang der Entwicklungsstufe steht und voraussichtlich noch weitere Fortschritte erfahren wird. Resultierend daraus bildet dieses Konzept sicherlich in der Zukunft einen immer bedeutenderen Aspekt des Versuches. Es ist weiterhin zu erwarten, dass bei der Entwicklung der Virtualisierungssoftware weitere Optionen als Maßnahme zur Sicherung integriert werden. Bei Betrachtung der virtuellen Netzwerke ist es sicherlich denkbar, dass unter dem Punkt der Sicherheit weitere Fortschritte getätigt werden.

Diese könnten somit im Versuch zu den virtuellen Netzwerken implementiert werden und eine Erweiterung des bestehenden Versuchs darstellen. Weiterhin denkbar ist, dass in Zukunft die aus heutiger Sicht noch nicht entwickelte, aber dennoch artverwandte Hardware virtualisiert wird. Dann könnten im Vorfeld Kompatibilitätsprobleme identifiziert und gegebenenfalls behoben werden. So kann beispielsweise ein Unternehmen, welches sich auf der Server Konsolidierung spezialisiert hat, schon im Vorfeld die zu portierenden Maschinen mit der zukünftigen Hardware testen. Es wird ebenso erwartet, dass einige konstruierte Aufgaben später konsolidiert werden können. Gründe sind zum einen, dass entsprechende Funktionen in zukünftigen Versionen der Software implementiert werden. Zum anderen können auf Grundlage der technologischen Entwicklung heute noch nicht durchführbaren Projekte des Versuches in Zukunft realisiert werden. Als Beispiel für einen zukünftigen Versuch könnte somit bei der Durchführung eine komplette Rechnerlandschaft neu konzipiert werden. Dabei kann unter anderem ein bestimmtes Nutzerverhalten analysiert werden. Bei der zukünftigen Gestaltung des Versuchs werden bei der Betrachtung dieser Aspekte Veränderungen entstehen. Ebenfalls wird angenommen, dass im Sektor der Fachliteratur einige Ergänzungen folgen.

5 Zusammenfassung

Die vorliegende Studie gibt einen Überblick zu der Thematik der Virtualisierungstechnologie und beinhaltet außerdem die Konzipierung eines Versuches. Das Kapitel mit der geschichtlichen Entwicklung stellt einen ersten Kontext zur Virtualisierung her. Es wurde gezeigt, welche Ansätze zur Virtualisierung in der Vergangenheit existierten. Dabei sind permanente Veränderungen und Verbesserungen der Virtualisierungslösungen festzustellen. Die Ansätze zeigen des Weiteren, dass durch die unterschiedliche Herkunft aus den Bereichen der IT-Branche die Vielfältigkeit der Virtualisierung resultiert. In den folgenden theoretischen Abschnitten zu den Grundlagen wurde die Betrachtung der formalen Definitionen sowie der mannigfaltigen Ausprägungen der Virtualisierungstechnologie fokussiert. Die Beschreibung der Charakteristik einer virtuellen Maschine ist ein essentieller Punkt, um den weiteren Verlauf der Studie nachvollziehen zu können. Die formulierten Axiome manifestieren zudem das Wirkungsprinzip der Virtualisierung. Mehrere Systeme können auf einer einzigen Architektur ausgeführt werden. Das ist ein wesentlicher Vorteil dieser Technologie, welcher vornehmlich von der Industrie genutzt wird.

Einen signifikanten Aspekt bilden die mannigfaltigen Arten der Softwarevirtualisierung. Es wurden die Ausgangspunkte der Virtualisierung definiert, um diese differenziert betrachten zu können. Von den beschriebenen Ansätzen stellen die Para-Virtualisierung und die voll-ständige Virtualisierung nur einen geringen Teil des kompletten Spektrums dar. Jedoch sind diese Arten der Virtualisierung die derzeit am häufigsten anzutreffenden Virtualisierungslösungen auf Softwareebene. Die erstgenannte Technik findet bei „XEN" Verwendung, während die „VMware Workstation" das zweite Verfahren präferiert. Es sei anzumerken, dass „VMware" die Para-Virtualisierung zukünftig in die Produktpalette implementieren möchte [15]. Die Softwarevirtualisierung ist ein sehr aufwendiges Verfahren und durch den ständigen Kontextwechsel nicht sehr performant. Konträr dazu gestaltet sich die Virtualisierung auf Hardwareebene. Derzeit gibt es zwei essentielle Ansätze zur Umsetzung einer solchen Konzeption: Die von Intel distribuierte Lösungen „Vanderpool" und dessen Pendant von AMD der „Pacifica". Beide Prozessoren stellen durch die verwendeten VMX- und SVM-Befehlssätze eine weitere Stufe in der Entwicklung der Virtualisierung dar. Mit den entsprechenden adaptiven Anpassungen, die derzeit in den Virtualisierungslösungen von „VMware", „Parallels Workstation" und „XEN" verfügbar sind, kann zudem die Performance erheblich gesteigert werden. Ein Modifizieren des Gast-Systems, wie bei der Para-Virtualisierung, entfällt durch die Verwendung des „Pacificas" und des „Vanderpools". In dem darauf folgenden Abschnitt wurde die Problematik der Softwarevirtualisierung behandelt. Dieses Kapitel legt die bisherigen Schwierigkeiten bei der Virtualisierung der x86-Architektur offen. Eine zusätzliche Differenzierung der Virtualisierung kann nach der Architektur der virtuellen Maschine erfolgen. Das Kriterium hierfür ist die Lokalität des „Hypervisors". In den gegenwärtigen Virtualisierungslösungen finden vornehmlich die „Typ I" und „Typ II Architektur" Verwendung. Als Beispiel kann „XEN" und „VMware Workstation" genannt werden. Erstere Virtualisierungslösung verwendet die „Typ I Architektur". Die Beschreibung der Funktionsweise am Beispiel der „VMware Workstation" sollte die weitestgehend theoretischen und technischen Ausführungen komplettieren und zu einem besseren Verständnis beitragen. Dies ist vor allem von Bedeutung, da die Virtualisierungslösung „VMware Workstation" im konzipierten Versuch zur Anwendung kommt.

Die Vor- und Nachteile der Virtualisierung sind besonders für Unternehmen der IT-Branche relevant. Bei Kenntnis können wichtige Entscheidungen bei Investitionen gezielter getroffen werden. Zu beachten ist die Problematik der Lizenzierung. Derzeit gibt es kein allgemein gültiges Lizenzmodell hinsichtlich der Virtualisierung von Betriebssystemen und deren Anwendungen.

Dieses eklatante Defizit führt dazu, dass die Einsparungen von den Kosten durch die Konsolidierung fast vollständig aufgehoben werden. Weiterhin legen die Nachteile der Virtualisierung die Schwächen dieser Technologie offen. Diese Mängel gilt es zukünftig durch weitere Forschungsarbeiten zu neutralisieren. Ansätze dazu liefert das Forscherteam des „L4Ka-Projektes" von der Universität Karlsruhe [28]. Im Rahmen dieser Studie wurde das Kapitel „Anwendungsbereiche und Einsatzmöglichkeiten" der Virtualisierung beleuchtet. Um die vielfältigen Möglichkeiten einer solchen Technologie aufzuzeigen, wurde diese Thematik explizit gewählt. Außerdem wurden praktische Beispiele aufgeführt, welche die gegenwärtige Verwendung der Virtualisierung in der Industrie belegen.

Abschließend wurde der konzipierte Versuch detailliert erläutert. Der Versuch ist als die Quintessenz und das Ziel dieser Studie anzusehen. Es wird in dem verfassten Versuch, welcher aus zwei Teilen besteht, einen umfassenden Überblick zu der Thematik gegeben. Weiterhin beinhalten die Aufgaben die Auseinandersetzung mit den praktischen Auswirkungen der Virtualisierungstechnologie. Mit der Durchführung des Versuches sollen die gegenwärtigen Entwicklungen auf diesem Gebiet veranschaulicht werden. Vor der Konzipierung des Versuches wurde ein Anforderungsprofil erstellt und verschiedene Virtualisierungslösungen untersucht, um einen optimalen Verlauf des Versuchs zu gewährleisten. Die Software „VMware Workstation" erwies sich zum damaligen Zeitpunkt als die beste Lösung zur Veranschaulichung der Virtualisierung. Jedoch ist eine unentwegte Auseinandersetzung mit den Alternativen und den Weiterentwicklungen bezüglich der Virtualisierung empfehlenswert, wie es in der Wirtschaft praktiziert wird. Die Virtualisierungslösungen, wie vornehmlich „XEN", könnten mit anderen Techniken eventuell bessere Möglichkeiten zur Veranschaulichung der Virtualisierung geben. Bei der Erstellung des Versuches wurden eigene Ideen und Freiräume gewährt, wodurch der Anreiz zum Verfassen einer solchen Aufgabe gesteigert wurde. Während der Konzipierung des Versuches kam es immer wieder zu erheblichen Schwierigkeiten bei der Implementierung der virtuellen Maschinen sowie bei der Erstellung der Automatismen. Die Probleme konnten letztlich durch weiteres Erproben der Virtualisierungssoftware gelöst werden. Der erste Versuchsteil umfasst vermehrt Aufgaben zur prinzipiellen Wirkungsweise der Virtualisierungstechnologie und zu den grundlegenden Einstellungsmöglichkeiten der Software „VMware Workstation". Im zweiten konzipierten Versuchsabschnitt sind weiterführende Auswirkungen und Einstellungen zu erproben. Diese Aufgaben sind identisch zu den Anforderungen, welche in der Industrie als Voraussetzung für Studenten der IT-Studiengänge gelten.

Resümierend lässt sich sagen, dass die Virtualisierung gegenwärtig eine nächste Entwicklungsstufe der gesamten IT-Branche darstellt. Die Studie belegt zudem, dass weitere Forschungen und Entwicklungen erwartet werden, deren Richtung und Ergebnisse derzeit nur teilweise absehbar sind.

6 Bedarf und Ausblick

Während der Bearbeitung der Studie konnte festgestellt werden, dass obgleich sich die Virtualisierung innerhalb der letzten Jahre in der Informationstechnologie etabliert hat, keine hinreichende Fachliteratur verfügbar ist. Notwendige Grundlagen sowie formale Definitionen sind vereinzelt oder gar nur spärlich vorhanden. Die derzeit auf dem Markt erhältlichen Bücher beschreiben nur die spezifischen Virtualisierungslösungen und geben Lösungshinweise bei Problemen, die durch die Arbeit mit diesen Programmen entstehen. Ein weiterer Bedarf besteht in der Standardisierung [66]. Durch diese wären Anbieter von Virtualisierungslösungen in der Lage, die Techniken zu optimieren. Dadurch ist eine Beschleunigung bei der Entwicklung neuer Virtualisierungslösungen zu erwarten. Weitere Vorteile durch die Standardisierung der Virtualisierung liegen in der einfacheren Systempflege und in der verbesserten Interoperabilität [59]. Das Unternehmen „VMware" und andere Virtualisierungsspezialisten sind aus diesem Grund aktive Mitglieder in der „Distributed Management Task Force" (DMTF). Ebenso wie die fehlende Fachliteratur wurde während der Anfertigung dieser Arbeit die Diskrepanz bei der Vereinheitlichung der Begrifflichkeiten erkannt. Eine Ursache ist die Abstammung der Virtualisierungstechnologie aus den verschiedensten Bereichen. So ist es zu erklären, dass für ein und denselben Begriff teilweise bis zu acht verschiedene Definitionen existieren. Dieser Nachteil führte zu einer zusätzlichen Erschwerung bei der An-fertigung der Studie. Um zukünftig Missverständnisse zu vermeiden, ist es empfehlenswert, nur ein bis zwei Begriffe für denselben Sachverhalt in der Virtualisierung einheitlich zu verwenden. Ein zusätzlicher Missstand ist mit der Problematik der Softwarelizenzierung anzuführen. Gegenwärtig existiert kein gültiges Lizenzmodell in der Virtualisierung, wodurch der Bedarf für eine Lösung dieser Problematik offensichtlich wird.

Mit den weiteren Entwicklungen, die wesentlich effizienter sein dürften, wird es in den nächsten Jahren möglich sein, eine noch größere Anzahl von virtuellen Maschinen auf einem System zu implementieren. Zukünftige Planungen sehen zudem vor, den „Hypervisor" direkt in den Prozessor zu implementieren. Dadurch ist es nicht mehr erforderlich, den „VMM" softwareseitig abzubilden, wodurch eine höhere Performance erreicht werden kann [60].

Die Notwendigkeit entfällt, ein Host-System oder eine Virtualisierungssoftware zu verwenden. Außerdem zeigen bestimmte Tendenzen, dass die Virtualisierung nicht nur den „Hypervisor" auf Hardwareebene impliziert, sondern die Fähigkeit rückwärtige Kompatibilität bereitzustellen. Weitere Entwicklungen sind in den Bereichen der Sicherheit und der Administration zu erwarten. In diesen Gebieten ist die Entwicklung erst in den Anfängen. Die Virtualisierung wird in Zukunft eine immer größere Rolle in der Informationstechnologie einnehmen, schon aufgrund des wirtschaftlichen Faktors.

Literaturverzeichnis

[1]   Strachey, Christopher: Those who don't ignore it take this as the fundamental time-sharing presentation. -Doktorarbeit- Paris: UNESCO, 1959

[2]   Buzen, J.P. ; Gagliardi, U. O.: The evolution of virtual machine architecture. Montvale: AHPS Press, 1973,

[3]   Popek, Gerald. J. ; Goldberg, Robert P.: Formal Requirements for Virtualizable Third Generation Architectures Volume. New York: ACM Press, 1974

[4]   Gerstel, M. <gerstel@in.tum.de> : Virtualisierungsansatze mit Schwerpunkt Xen. URL: <http://www13.informatik.tu-muenchen.de/lehre/seminare/WS0506/hauptsem/Ausarbeitung02.pdf>, verfügbar am 02.10.2006

[5]   Lindinger, T. <E-Mail-Adresse unbekannt> : Virtualisierung einer Praktikums-infrastruktur zur Ausbildung im Bereich vernetzter Systeme. URL: <http://www.mnm-team.org/pub/Diplomarbeiten/lind06/PDF-Version/lind06.pdf>, verfügbar am 14.01.2007

[6]   Nerche, J. <E-Mail-Adresse unbekannt> : Virtualisierung eines x86-PC. URL: <http://os.inf.tu-dresden.de/papers_ps/nerche-diplom.ps>, verfügbar am 02.11.2006

[7]   Klitzing, T. v. <E-Mail-Adresse unbekannt> : System Virtual Machines. URL: <http://www.lrr.in.tum.de/~stodden/teaching/sem/virt/ss06/doc/virt06-06-20060524-klitzing-doc%20-%20System%20VMs.pdf>, verfügbar am 17.11.2006

[8]   Ziegler, M. <E-Mail-Adresse unbekannt> : Servervirtualisierung. URL: <http://hit forum.de/virtual.pdf>, verfügbar am 28.10.2006

[9]   Kern, C. <E-Mail-Adresse unbekannt> : Para-Virtualisierung, Vanderpool. URL: <http://www.lrr.in.tum.de/~stodden/teaching/sem/virt/ss06/doc/virt06-07-20060531-kern-doc%20-%20Paravirtualisierung.pdf>, verfügbar am 14.10.2006

[10]   Schmitz, L. <lschmitz@computerwoche.de> : Lizenzen bremsen Virtualisierung. URL: <http://www.computerwoche.de/produkte_technik/software/557987/index.html>, verfügbar am 28.10.2006

[11]   Ohl, B. <E-Mail-Adresse unbekannt> : Der VMware-Ansatz: Virtualisierung von Rechnern. URL: <http://www13.in.tum.de/lehre/seminare/WS0203/hauptsem/Vortrag9_VM_Ausarbeitung_Verbessert.pdf>, verfügbar am 28.10.2006

[12]   Butler, Timothy R. <tbutler@uninetsolutions.com> : Bochs IA-32 Emulator Project. URL: <http://bochs.sourceforge.net/>, verfügbar am 09.11.2006

[13]   Schmitz, L. <lschmitz@computerwoche.de> : Dual Core verteuert Software. URL: <http://www.computerwoche.de/produkte_technik/hardware/556516>, verfügbar am 30.10.2006

[14]   Cambridge University. <xen-admin@lists.sourceforge.net> : The Xen virtual machine monitor. URL: <http://www.cl.cam.ac.uk/Research/SRG/netos/xen/index.html>, verfügbar am 28.10.2006

[15]   VMware, Inc. <E-Mail-Adresse unbekannt>: VMware Workstation. URL: <http://www.vmware.com/>, verfügbar am 13.10.2006

[16]   Reinhardt, M. <marcus.reinhardt@sevennetwork.de> : Virtualisierung. URL: <http://www.pro-linux.de/berichte/virtualisierung.html>, verfügbar am 28.10.2006

[17]   Kainz, G. <E-Mail-Adresse unbekannt> : Virtual Machines - Eine Einführung. URL: <http://www.lrr.in.tum.de/~stodden/teaching/sem/virt/ss06/doc/virt06-01-20060426-kainz-doc%20-%20Virtuelle%20Maschinen%20-%20Eine%20Einf%C3%B6Chrung.pdf>, verfügbar am 26.10.2006

[18]   Wiedermann, I. <E-Mail-Adresse unbekannt>: Virtualisierung die Lösung aller IT Probleme oder nur ein weiteres Problem mehr. URL: <http://blogs.sun.com/roller/trackback/iwi/Weblog/virtualisierung_die_l%C3%B6sung_aller_it>, verfügbar am 01.09.2006

[19]   Moellenkamp, J. <joerg@c0t0d0s0.orge> : Löst Virtualisierung wirklich irgendein echtes Problem? URL: <http://blogs.sun.com/roller/page/iwi?entry=virtualisierung_die_l%C3%B6sung_aller_it>, verfügbar am 22.10.2006

[20]   VMware Inc. <E-Mail-Adresse unbekannt> : Größter deutscher Baudienstleister senkt Kosten mit VMware. URL: <http://www.vmware.com/de/customers/stories/soka-bau.html>, verfügbar am 16.12.2006

[21]   VMware Inc. <E-Mail-Adresse unbekannt> : Virtualisierung setzt Energien frei. URL: <http://www.vmware.com/de/customers/stories/energie.html>, verfügbar am 16.12.2006

[22]   Andres, A. C. <E-Mail-Adresse unbekannt> : Flux: Rekursive Virtuelle Maschinen. URL: <http://www4.informatik.uni-erlangen.de/DE/Lehre/WS97/HS_OSRES/flux/Ausarbeitung.ps>, verfügbar am 02.10.2006

[23]   Komarek, P. <E-Mail-Adresse unbekannt> : Formale Grundlagen virtueller Maschinen.   URL: <http://www.ipvs.uni-stuttgart.de/abteilungen/vs/lehre/lehrveranstaltungen/seminare/SS05/Methoden_zur_Virtualisierung_von_Geraeteressourcen_termine/dateien/Peter_Komarek_Referat_2.pdf>, verfügbar am 02.12.2006

[24]   Goldberg, Robert P. <E-Mail-Adresse unbekannt> : System Virtual Machines. URL: <http://delivery.acm.org/10.1145/810000/803950/p74-goldberg.pdf?key1=803950&key2=8269082611&coll=portal&dl=ACM&CFID=11111111&CFTOKEN=2222222>, verfügbar am 19.09.2006

[25]   Microsoft Corporation. <E-Mail-Adresse unbekannt> : Serverlizenzierung Microsoft. URL: <http://www.microsoft.com/germany/serverlizenzierung/allgemein/default.mspx>, verfügbar am 05.11.2006

[26]   Neumeier, F. <franz_neumeier@vnu.de> : Lizenzkosten fressen Spareffekt. URL: <http://www.it-im-unternehmen.de/specials/sa200605230282006061202 0.aspx>, verfügbar am 29.11.2006

[27]   Neumeier,   F.   <franz_neumeier@vnu.de>   :   Unflexible   Hersteller.   URL:
        <http://www.it-im-unternehmen.de/specials/sa2006052302820060612020203.aspx>,
        verfügbar am 07.11.2006

[28]   Bellosa, F. <l4ka@ira.uka.de> : Pre-Virtualisierung. URL: <http://www.ira.uka.
        de/I3V_HOME/JB2005/PDF/JB05-Institute-3-IBDS.pdf>, verfügbar am 09.11.2006

[29]   LeVasseur, J. <l4ka@ira.uka.de> : Pre-virtualization. URL: <http://l4ka.org
        /projects/virtualization/afterburn/>, verfügbar am 12.12.2006

[30]   Yang, Y. <E-Mail-Adresse unbekannt> : In Place Migration by Using Pre-
        Virtualization. URL: <http://i30www.ira.uka.de/teaching/thesisdocuments
        /vm/2006/yang_study_in-place-migration.pdf>, verfügbar am 24.12.2006

[31]   Neumeier,   F.   <franz_neumeier@vnu.de>   :   Boom   Markt   Virtualisierung.   URL:
        <http://www.it-im-unternehmen.de/specials/sa2006052302820060612020202.aspx>,
        verfügbar am 11.11.2006

[32]   LeVasseur, J. <l4ka@ira.uka.de> : Pre-Virtualisierung. URL: <http://l4ka.org
        /publications/2005/previrtualization-techreport.pdf>, verfügbar am 09.11.2006

[33]   Reinhardt, M. <marcus.reinhardt@sevennetwork.de> : Energy-Aware Scheduling of
        Virtual Machines in a Multiprocessor. URL: <http://i30www.ira.uka.de/teaching/
        thesisdocuments/pmk/2006/reinhardt_diploma_energy-aware-scheduling-of-vm-in-
        mpe.pdf>, verfügbar am 13.10.2006

[34]   Pfleger, M. <E-Mail-Adresse unbekannt> : Virtuelle Maschinen. URL:
        <http://www.fim.uni-linz.ac.at/lva/SE_Betriebssysteme/ss2005/se_os_ss05_gr2.pdf>,
        verfügbar am 02.12.2006

[35]   Robin, J. S. <scott_robin@hotmail.com> : Irvine, C.E. <irvine@cs.nps.navy.mil>
        Analysis of the Intel Pentium's Ability to Support a Secure Virtual Machine Monitor.
        URL: <http://www.cs.nps.navy.mil/people/faculty/irvine/publications/2000/VMM-
        usenix00-0611.pdf>, verfügbar am 29.12.2006

[36]   Surauer, C. <E-Mail-Adresse unbekannt> : Ansätze zur Virtualisierung von Rechnern. URL: <http://wwwspies.informatik.tu-muenchen.de/lehre/seminare/SS02/hauptsem /Vortrag1_VirtualisierungFinal.pdf>, verfügbar am 22.10.2006

[37]   Haunreiter, M. <E-Mail-Adresse unbekannt> : Ein Vergleich zwischen Flux und µnOS. URL: <http://www13.in.tum.de/lehre/seminare/WS0102/hauptsem/ Vortrag3_Flux.pdf>, verfügbar am 23.12.2006

[38]   LeVasseur, J. : Uhlig, V. <l4ka@ira.uka.de> : Pre-Virtualisierung. URL: <http://l4ka.org/publications/2006/soft-layer.pdf>, verfügbar am 22.10.2006

[39]   Intel, Corporation. <E-Mail-Adresse unbekannt> : Intel Virtualization Technology for Directed I/O. URL: <http://www.intel.com/technology/itj/2006/v10i3/2-io/3-vmm-software-architecture.htm>, verfügbar am 31.12.2006

[40]   Vilsbeck, C. <E-Mail-Adresse unbekannt> : AMD Pacifica: Virtualisierung von CPU & Speicher. URL: <http://www.tecchannel.de/technologie/prozessoren/432777>, verfügbar am 12.12.2006

[41]   Rüfenacht, D. <E-Mail-Adresse unbekannt> : Virtualisierung mit XEN. URL: <http://www.oser.org/~hp/seminar_sm/berichte/XEN.pdf>, verfügbar am 17.11.2006

[42]   Jost, M. <E-Mail-Adresse unbekannt> : Intel Virtualization Technology. URL: <http://www.oser.org/~hp/seminar_sm/berichte/IntelVirtualizationTechnologyv2.0. pdf>, verfügbar am 03.01.2007

[43]   VMware, Inc. <E-Mail-Adresse unbekannt> : Handbuch VMware Workstation. URL: <http://www.vmware.com/de/pdf/ws55_manual_de.pdf>, verfügbar am 07.01.2006

[44]   PlateSpin, Ltd. <E-Mail-Adresse unbekannt> : PlateSpin PowerConvert. URL: <http://www.platespin.com/products/PowerConvertMain.aspx>, verfügbar am 12.11.2006

[45]   Universität Karlsruhe (TH). <zoller@ira.uka.de> : L4Ka Virtual Machine Technology. URL: <http://l4ka.org/projects/virtualization/>, verfügbar am 09.09.2006

[46]   Herrmann, P. : Spruth, W.G. <E-Mail-Adresse unbekannt> : Einführung in z/OS und OS/390. URL: <http://www.informatik.uni-leipzig.de/cs/esvorles/ESSUM07.pdf>, verfügbar am 02.10.2006

[47]   Kersten, C. <E-Mail-Adresse unbekannt> : System Virtual Machines. URL: <http://hs-sonne.cs.uni-sb.de:8080/lehrstuhl/SS2005/Seminar_Aktuelle_Technologien /library/04F_-_Kersten_-_Hardware-Virtualisierung.pdf>, verfügbar am 09.11.2006

[48]   Egloff, M. <E-Mail-Adresse unbekannt> : Sytems-VMware Workstation. URL: <http://lis.fh-aargau.ch/ecsem/ECBerichte/VMWare_Workstation.pdf>, verfügbar am 17.01.2007

[49]   Universität Karlsruhe (TH). <zoller@ira.uka.de> : Interrupts, Exceptions and CPU Virtualiation. URL: <http://i30www.ira.uka.de/teaching/coursedocuments/130/mkc-09-except-interupt.pdf>, verfügbar am 03.01.2007

[50]   Schneider, D. : Ernst, M. <E-Mail-Adresse unbekannt> : Konzepte und Implementie-rungen moderner virtueller Maschinen. URL: <http://www.virtualmachine.de/2000-ernst-schneider.pdf>, verfügbar am 09.12.2006

[51]   Fischer, S. <E-Mail-Adresse unbekannt> : Betriebssysteme und Netze. URL: <http://www.ibr.cs.tu-bs.de/courses/ss02/bsn/BSN-SoSe02-Kap03-Speicher verwaltung-1S.pdf>, verfügbar am 11.01.2007

[52]   Beigl, M. <E-Mail-Adresse unbekannt> : Betriebssysteme. URL: <http://www.ibr.cs. tu-bs.de/courses/ws0607/bs/material/bs-ws0607-slides-ch03.pdf>,   verfügbar   am 14.01.2007

[53]   Bittner, M. <E-Mail-Adresse unbekannt> : Klassische Virtuelle Maschinen mit selber ISA. URL: <http://www.ipvs.uni-stuttgart.de/abteilungen/vs/lehre/lehrveran staltungen/seminare/SS05/Methoden_zur_Virtualisierung_von_Geraeteressourcen _termine/dateien/Mario_Bittner_seminar.pdf>, verfügbar am 10.01.2007

[54]   Kresalek, T. <E-Mail-Adresse unbekannt> : Virtualisierung des Speichers. URL: <http://www.fh-wedel.de/~si/seminare/ws06/Ausarbeitung/02.VMware /vmware4.htm>, verfügbar am 03.01.2007

[55]   Höxer, H. J. <Hans-Joerg.Hoexer@informatik.uni-erlangen.de> : Virtuelle Maschinen. URL: <http://www3.informatik.uni-erlangen.de/Lehre/virME/SS2006/ slides1.pdf>, verfügbar am 03.01.2007

[56]   Fotheringham, J. <E-Mail-Adresse unbekannt> : Dynamic storage allocation in the Atlas computer, including an automatic use of a backing store. URL: <http://portal.acm.org/ft_Gateway.cfm?id=366800&type=pdf&coll=GUIDE&dl= GUIDE&CFID=9539413&CFTOKEN=89140722>, verfügbar am 10.01.2007

[57]   Schröder-Preikschat, Wolfgang. <wosch@informatik.uni-erlangen.de> : Überblick zu Adressraumkonzepte und virtuelle Maschinen. URL: <http://www4.informatik.uni-erlangen.de/Lehre/SS06/V_SOS1/Folien/SOS1-07-A6.pdf>, verfügbar am 21.10.2006

[58]   Doborwolski, B. <E-Mail-Adresse unbekannt> : Linux als vServer. URL: <http://www.inf.fh-dortmund.de/concute/contents/personen/professoren/achilles/ seminare/seminar2006/vserver.pdf>, verfügbar am 25.12.2006

[59]   VMware Inc. <E-Mail-Adresse unbekannt> : VMware schmiedet offene Virtualisierungsstandards mit AMD, Dell, HP, IBM, Intel. URL: <http://www.vmware.com/de/pdf/virtualisation_partner.pdf>, verfügbar am 22.11.2007

[60]   Mendel, Rosenblum. <queue@acm.org> : The Reincarnation of Virtual Machines. URL: <http://acmqueue.com/modules.php?name=Content&pa=s howpage&pid=168&page=3>, verfügbar am 10.01.2007

[61]   Intel, Corporation. <E-Mail-Adresse unbekannt>: Intel Vanderpool Technology for IA-32 Processors (VT-x) Preliminary Specification. URL: <http://cache-www.intel.com/cd/00/00/19/76/197666_197666.pdf>, verfügbar am 26.12.2006

[62]   Usenix Association L. <office@usenix.org> : Proceedings of the. 2001 USENIX
       Annual. Technical Conference.. URL: <http://www.vmware.com/pdf/
       usenix_io_devices.pdf>, verfügbar am 15.01.2007

[63]   VMware Inc. <E-Mail-Adresse unbekannt> : Para-Virtualisierung API Version 2.5.
       URL: <http://www.vmware.com/pdf/vmi_specs.pdf>, verfügbar am 09.01.2007

[64]   VMware Inc. <E-Mail-Adresse unbekannt> : Schnittstelle der virtuellen Maschine.
       URL: <http://www.vmware.com/de/standards/vmi.html>, verfügbar am 11.01.2007

[65]   VMware Inc. <E-Mail-Adresse unbekannt> : VMware Hypercall-Schnittstelle. URL:
       <http://www.vmware.com/de/standards/hypercalls.html>, verfügbar am 11.01.2007

[65]   Bär, T. <E-Mail-Adresse unbekannt> : Noch mehr Rechner überall. URL:
       <http://www.windowsitpro.de/themen/speicher/virtualisierung/article.html?
       thes=9802&art=/articles/2006005/30678933_ha_WM.html>,
       verfügbar am 02.01.2007

[66]   Bär, T. <E-Mail-Adresse unbekannt> : Nichts ist mehr real. URL:
       <http://www.windowsitpro.de/themen/speicher/virtualisierung/article.html?thes=9802
       &art=/articles/2006004/30657598_ha_WM.html>, verfügbar am 02.01.2007

[67]   Bär, T. <E-Mail-Adresse unbekannt> : Anywhere- to-Anywhere. URL:
       <http://www.windowsitpro.de/themen/speicher/virtualisierung/article.html?thes=9802
       &art=/articles/2006005/30681310_ha_WM.html>, verfügbar am 02.01.2007

[68]   Schnitzer, S. <E-Mail-Adresse unbekannt> : Methoden zur Virtualisierung von
       Geräteressourcen. URL: <http://www.ipvs.uni-stuttgart.de/abteilungen/vs/lehre/
       lehrveranstaltungen/seminare/SS05/Methoden_zur_Virtualisierung_von_Geraete
       ressourcen_termine/dateien/stephan_schnitzer_ausarbeitung.pdf>,
       verfügbar am 08.01.2007

Glossar

ABI:

Die zwischen den Applikationen und dem Betriebssystem befindliche Schnittstelle wird als „Application Binary Interface" definiert.

Accounting:

Das Accounting ist die Messung der Auslastung von Ressourcen sowie deren finanzielle Bewertung.

Allokierung:

Programme (hier der „Hypervisor") können den Hauptspeicher des Host-System zur eigenen Verwendung reservieren.

Anwendungsstack:

Unter einem Anwendungsstack wird ein reservieren der Zustandsdaten einer Anwendung im Speicherbereich verstanden.

API:

Die Schnittstelle zwischen einer höheren Programmiersprache und eine Laufzeitumgebung wie beispielsweise ein Betriebssystem bezeichnet man als API.

Border Control:

Bei der „Border Controlfunktion" kennt der Vaterprozess alle Vorgänge des Sohnprozesses, da alle Aktionen über ihn laufen.

Capacity-Management:

Ableitung, Planung und Bereitstellung der zukünftig benötigten Service-Kapazität sowie der bereitzustellenden Ressourcenkapazitäten bei vertretbaren Kosten. Die Überwachung der Ressourcen-Auslastung in den relevanten Dimensionen wird dazu quantifiziert

CPUID:

Die CPUID beinhaltet sämtliche Hardwarespezifikationen der CPU wie den Hersteller oder die erweiterten Befehlsätze des Prozessors. Zudem können Programme im laufenden Betrieb durch Auslesen der Prozessorkennung die Hardware identifizieren.

Debuggen:

Das Debuggen bezeichnet einen Vorgang der Fehlersuche und der Fehlerbeseitigung in einem Programm.

Desaster-Recovery-Backup:

Ist ein Verfahren, um Daten beständig gegen mögliche negative Einflussfaktoren, wie menschliches oder technisches Versagen zu sichern.

Exception Handling:

Unter dieser Prozedur ist die Behandlung von Ausnahmen auf Programmierebene gemeint. So kann beispielsweise ein Zugriff, der auf ein Speicherregister nicht gestattet ist, stattdessen durch einen geeigneten definierten Algorithmus ersetzt werden.

Extended Accumulator Register:

Das im Real Mode eines x86-Prozessors ansässige Register, wird primär für Rechenoperationen verwendet.

Extended Count Register:

Ist ein im Real Mode des x86-Prozessors ansässiges Register, welches eine spezielle Bedeutung bei der Behandlung von Schleifen hat. Das ECX Register ist als Zähler für Verschiebeoperationen und Schleifen verantwortlich.

Hochverfügbarkeit:

Hochverfügbarkeit beschreibt die Wahrscheinlichkeit, mit der ein definiertes System innerhalb eines spezifizierten Zeitraums zu 99,99 % verfügbar ist.

I/O-Anforderungen:

Beschreibt die Beanspruchung, welche bei der Ein- und Ausgabe entstehen kann.

Interoperabilität:

Mit der Interoperabilität ist die Fähigkeit zur Zusammenarbeit von heterogenen Systemen, unter einem gemeinsamen Standard gemeint. Beispielsweise können verschiedene Applikationen auf dieselben Protokolle oder Dateiformate zurückgreifen.

Interrupt:

Hierbei handelt es sich um eine vorübergehende Unterbrechung einer Software durch eine von dem Prozessor abzuarbeitende Sequenz. Später wird an der Unterbrechungsstelle die Ausführung der Software fortgesetzt.

ISA:

Das Interface zwischen der Hardware und Software eines Computers wird als ISA Schnittstelle bezeichnet. Diese ist die an der Hardware am nächsten befindliche Schnittstelle. Alle Aspekte einer Rechnerarchitektur werden in der „Instruction Set Architecture" unter dem Gesichtspunkt eines Programmierers dargstellt. Ausnahmebehandlungen, Datentypen und Register beispielsweise sind einige dieser Punkte.

Kontextwechsel:

Durch einen Interrupt wird der aktuelle Prozess unterbrochen. Anschließend findet der Wechsel zu einer anderen Routine statt, wobei der Prozesskontext des aktuellen Prozesses gespeichert wird. Die Ausführung des Kontextwechsels erfolgt durch den Dispatcher, während die Planung bei dem Scheduler liegt.

Load-Balancing:

Load-Balancing wird eingesetzt, um die Lastverteilung von Netzwerkverkehr zu ermitteln. Das Ziel dieser Technik ist, die Last des Netzwerkverkehrs welche auf einen Dienst einströmt, auf mehrere Server zu verteilen.

Memory Management Unit:

Die „MMU" beschreibt die für die Konvertierung von virtuellen Adressen in physische Adressen benötigte Funktionseinheit des Prozessors. Die „Memory Management Unit" kontrolliert somit jede von einem Prozess aufgerufene virtuelle Adresse.

Metaframe-Aufsatz:

Der Metaframe-Aufsatz ist eine von Citrix (Fort Lauderdale, USA) kommerziell entwickelte Erweiterung zu Microsoft Terminal Server. Diese erlaubt das Nutzen verschiedener Anwender einer Windows-Umgebung über ein Netzwerk.

Migrationsautomatisierungen:

Migrationen werden bei diesem Verfahren automatisiert durchgeführt. Es können dabei der Zeitpunkt und das überführende System bestimmt werden.

Multitier-Architektur:

Die „Multitier-Architektur" ist eine Anwendungsarchitektur, wobei die verwendeten Programme in mehrere diskrete Komponenten aufgeteilt werden.

Multitasking:

Mit dem Multitasking ist die Fähigkeit gemeint, mehrere Prozesse quasi parallel zueinander in einem Betriebssystem auszuführen. In kurzen vorgeschriebenen Zeitschleifen werden alternierend die Aufgaben abgearbeitet um eine äquivalente Gleichzeitigkeit zu erreichen.

Nutzermodus:

Der „Nutzermodus", auch als „User Mode" bezeichnet, erhält die niedrigste Priorität in der x86-Architektur. Dieser Modus besitzt nur restriktive Zugriffsrechte und hat zudem keine Befugnis zum Ausführen von privilegierten Instruktionen.

Open-Source-Programm:

Bei einem solchen Programm liegt der Quellcode eines Programms offen. Dieser Quelltext darf beliebig oft weitergegeben oder verändert werden.

Portierung:

Beschreibt in der Programmierung die Anpassung eines Programms, damit es auf einem anderen Computer-System lauffähig ist.

Recoveryverfahren:

Das Recoveryverfahren beschreibt einen Vorgang bei dem die zuvor gesicherten Daten im Bedarfsfall wiederhergestellt werden.

Reliabilty:

Durch Redundanzbildung kann ein Ausfall von Server oder Hardware kompensiert werden und die Verfügbarkeit erhöhen.

Slowdown:

Mit Slowdown wird ein Vorgang beschrieben, bei dem ein System künstlich verlangsamt wird.

State Encapsulation:

Bedeutet die Fähigkeit, alle Unterprozesse und die Zustände dieser zu erkennen. Weiterhin kann jeder Vaterprozess, der Unterprozesse besitzt, auf die Ressourcen seiner direkten und indirekten Ableger zugreifen. Jeder Prozess wird durch den übergeordneten Prozess vollständig kontrolliert.

Supervisormodus:

Der auch als „Privilegierungsmodus" bekannte „Supervisormodus" stellt die höchste Privilegierungsstufe dar. Zudem erhält der Modus die höchste Priorität und hat vollen Zugriff auf die Hardware.

System-Services-Limiting-Performance:

Kennzeichnend für die System-Services-Limiting-Performance ist die Untersuchung von potentiellen Ursachen interner Engpässe.

System-Sizing:

Bemessung der für ein System erforderlichen Ressourcen. Das System-Sizing kann durch eine Vielzahl von Verfahren bestimmt werden (z.B. Intuitive Abschätzung, Erfahrung aus vergleichbaren Projekten, analytisch oder halb-analytisch).

Total Cost of Ownership:

Mit der Total Cost of Ownership können die Anschaffungs- und Betriebskosten eines Produkts ermittelt werden.

Trap:

„Trap" bezeichnet den Vorgang, bei dem privilegierte Befehle abgefangen werden. Dabei wird die Befehlsverarbeitung unterbrochen. „Traps" veranlassen die Hardware den Prozessorstatus in einem Hardware-Register zu speichern.

Workload Consolidation:

Bei diesem Verfahren können auf einem einzigen physischen Server mehrere mannigfaltige Betriebssysteme zum Einsatz kommen.

Workload Isolation:

Durch die Isolierung einzelner virtueller Maschinen können diese sich nicht beeinflussen und quasi parallel zueinander existieren.

Workload Migration:

Dieses Verfahren bezeichnet die Überführung realer Systeme oder virtueller Systeme in eine andere virtualisierte Umgebung.

zSeries:

Die zSeries stellt eine Großrechnerarchitektur der Firma International Business Machines (IBM) dar.

Anhang A Versuch zur Virtualisierung

1   Versuch Virtualisierung.. 110

2   Versuchsziele.. 110

3   Versuchsvorbereitung... 110

4   Grundlagen.. 112

5   Versuchsdurchführung Teil I.. 126

  5.1   Analyse des Host-Systems 126

  5.2   Installation und Konfiguration einer virtuellen Maschine 127

  5.3   Shared Folder konstruieren 128

  5.4   Kontext zwischen realen und virtualisierten System 129

  5.5   Überprüfungen der Performance.. 130

  5.6   Laufwerke konfigurieren.. 130

    5.6.1   Laufwerke konstruieren... 131

    5.6.2   Bestehende Laufwerke erweitern 132

    5.6.3   Erweiterte Laufwerke expandieren 133

    5.6.4   Laufwerke transformieren 133

    5.6.5   Systeme in virtuelle Maschinen integrieren 134

6   Versuchsdurchführung Teil II... 135

  6.1   Momentaufnahmen managen 135

    6.1.1   Steuerung des Anhalte- und Fortsetzvorgangs............................. 135

    6.1.2   Momentaufnahmen in einem linearen Prozess.............................. 136

    6.1.3   Momentaufnahmen in einem Prozessbaum.................................... 137

    6.1.4   Klonen einer Momentaufnahme 138

  6.2   Klonen als Maßnahme zur Sicherung eines bestehenden Systems 139

  6.3   Konsolidierung mehrerer virtueller Systeme 139

  6.4   Entwurf eines virtuellen Netzwerkes 141

  6.5   Migration von physischen zu virtuellen Systemen 142

1 Versuch Virtualisierung

Allgemeine Hinweise zur Versuchsdurchführung:

- Studieren Sie aufmerksam diese Hinweise, bevor Sie mit dem Versuch beginnen.

- Bitte ergänzen Sie auf jedem Blatt in der Kopfzeile Name und Seminargruppe.

- Gehen Sie bei der Installation sorgfältig mit den Bauteilen des Experimentalrechners um.

- Führen Sie den Versuch entsprechend der Anleitung gewissenhaft durch.

- Sollte Ihnen eine Fragestellung unklar sein, nutzen Sie die Möglichkeit der Rückfrage.

- Veränderungen von Programmen, Dateien oder Einstellungen sind nur gemäß der nachfolgenden Versuchsdurchführung erlaubt!

2 Versuchsziele

Als Ziel des Versuches sollen Sie ein grundlegendes Verständnis zur Virtualisierungs-technologie erlangen und dies in einem Versuch praktisch zur Anwendung bringen. Sie sollen Kenntnisse zu den Vor- und Nachteilen gewinnen. Ebenfalls ist ein Protokoll einschließlich Tabellen anzufertigen, in welchem Sie den Kontext zwischen realen und virtualisierten System erarbeiten müssen. Später sollen Sie mit dem angeeigneten Wissen in der Lage sein, ein virtuelles System bei Bedarf zu installieren und zu konfigurieren. Der Versuch zur Virtualisierung verdeutlicht Ihnen, welche Wirkungsfähigkeit die Virtualisierung aufweist. Zusätzlich könnte Ihnen die Thematik zum Generieren neuer Lösungen beziehungsweise Lösungsansätze verhelfen.

3 Versuchsvorbereitung

Verschaffen Sie sich im Vorfeld des Versuches einen Überblick zur Thematik.
Lesen Sie dazu die unten aufgeführte Literatur. Studieren Sie des Weiteren die Grundlagen und Versuchsanleitung, um sich optimal auf den Versuch zur Virtualisierung vorzubereiten.

Literatur:

- VMware, Inc. <Emailadresse unbekannt>: VMware - Virtualization Software. URL: <http://www.vmware.com/de/pdf/ws55_manual_de.pdf S.63-98 >, verfügbar am 11.10.2006

Weiterführende Literatur:

- VMware, Inc. <Emailadresse unbekannt>: VMware - Virtualization Software. URL: http://www.vmware.com/products/beta/converter/vmconv3_manual.pdf, verfügbar am 19.10.2006
- Zimmer, Dennis: VMware und Microsoft Virtual Server. - 1. Aufl. Bonn: Galileo Computing, 2005
- Zimmer, Dennis: VMware Server und VMware Player. 1. Aufl. - Bonn: Galileo Computing, 2006
- Ahnert, Sven: Virtuelle Maschinen mit VMware und Microsoft. - 1. Aufl. - München: Addison Wesley, 2006
- Born, Günter: VMware Workstation Praxisführer. Installation, Konfiguration und Anwendung unter Windows und Linux. - 1. Aufl. - Lohmar: SUSE Press, 2001

Legen Sie sich vor Beginn des Versuches ein Protokoll an.

Quelle hierfür ist die folgende Internetseite:

- Prof. Dr.-Ing. Wilfried Schmalwasser <ws@htwm.de> Professur Digitaltechnik – Computertechnik. URL: <http://www.htwm.de/~ws/>, verfügbar am 11.10.2006

Drucken Sie die Tabellen vor Versuchsbeginn aus. Tragen Sie die während des Versuches zur Virtualisierung empirisch gewonnenen Werte in das Protokoll sowie in die Tabellen ein. Geben Sie beides am Ende des Versuches ab.

4 Grundlagen

In dem folgenden Kaptitel werden Ihnen relevante Grundlagen für den Versuch erläutert [43]. Die praktischen Anwendungen des jeweiligen Abschnitts werden dabei aufgezeigt. In den Versuchsdurchführungen wird auf eine nochmalige Erklärung verzichtet.

Im ersten Punkt wird der Aufbau des Bildschirms „VMware Workstation" beschrieben und wichtige Funktionen dieser Virtualisierungslösung vorgestellt (siehe Abbildung A-1).

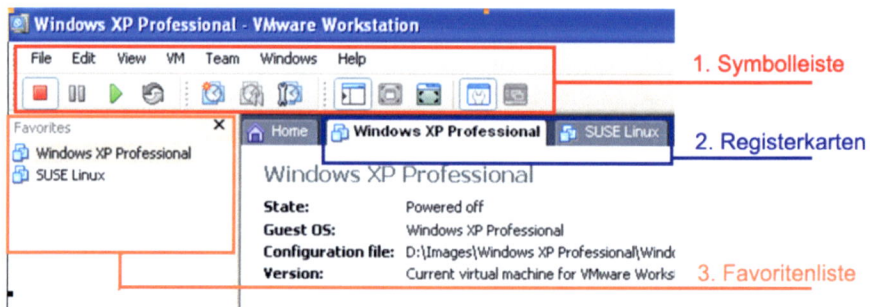

Abbildung A-1: Darstellung des Bildschirmaufbaus der „VMware Workstation"

1. Symbolleiste:

In der Symbolleiste befinden sich die wichtigsten Einstellungsmöglichkeiten. Vor allem die Schaltflächen „File", „VM" und „Team" kommen im Versuch des Öfteren zur Anwendung.

2. Registerkarten:

Die Registerkarten zeigen die aktuellen virtuellen Maschinen und virtuellen Teams an. Zudem wird es ermöglicht, zwischen den Systemen schneller hin- und herzuschalten.

3. Favoritenliste:

Die aufgelisteten virtuellen Maschinen und virtuellen Teams können bei großer Anzahl in der Favoritenliste besser dargestellt werden. Des Weiteren ist der Status der virtuellen Systeme besser einsehbar.

Installation und Konfiguration einer virtuellen Maschine

1. Integration von virtuellen Maschinen:

Um prinzipiell ein virtuelles System in die Software „VMware Workstation" zu integrieren, muss der folgende Schritt ausgeführt werden.

- Gehen Sie in der Symbolleiste auf „File" und wählen Sie „Open" aus.

2. Virtuelle Maschine den Favoriten hinzufügen:

Das Arbeiten kann grundsätzlich erleichtert werden durch eine Integration der virtuellen Maschine in die Favoritenliste.

- In der Symbolleiste auf „File" gehen und dann „Add to Favorites" wählen.

3. Überblick über die Komponenten einer virtuellen Maschine:

Um eine Übersicht zu den Komponenten der virtuellen Maschine zu erhalten, ist wie folgt vorzugehen:

- Gehen Sie in der Symbolleiste unter „VM" auf den Punkt „Settings". Hier werden alle aktuellen Einstellungen der virtuellen Maschine beschrieben.

4. Installation von VMware-Tools:

- Gehen Sie hierzu in die Symbolleiste auf „VM" und wählen die Option „Install VMware-Tools" aus.

Mit der Installation zusätzlicher Erweiterungen durch die „VMware Tools" wird eine Optimierung der virtuellen Maschine sichergestellt. Dazu wird eine komplette Ansammlung von Treibern integriert. Durch die Verwendung von spezifischen Treibern wird die Leistungsfähigkeit des virtuellen Systems erhöht.

Sind die virtuellen Maschinen in der „VMware Workstation" erfolgreich installiert und konfiguriert, stellt sich dies wie in Abbildung A-2 dar.

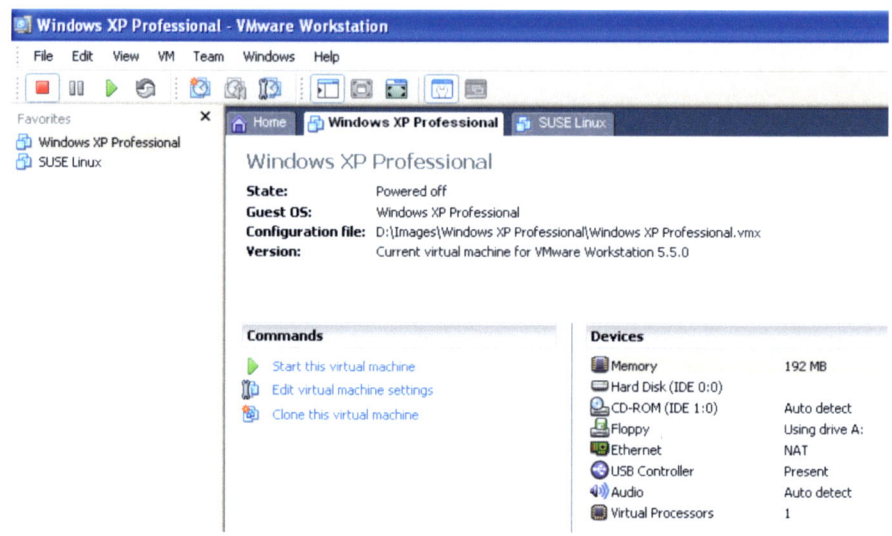

Abbildung A-2: Gesamtübersicht der „VMware Workstation" einschließlich der integrierten virtuellen Maschinen von Windows und Linux

5. Computernamen ändern:

- Gehen Sie in die Windowssymbolleiste unter „Start" auf „Systemsteuerung" und wählen die Option „System" aus. Unter dem Reiter „Computername" navigieren Sie zu der Option „Ändern".

Shared Folder konstruieren

Eine Verbindung zwischen Host- und Gast-System kann wie folgt erstellt werden:

- Begeben Sie sich zum Punkt „VM" und wählen Sie anschließend „Settings". Unter „Options" und dem Unterpunkt „Shared Folder" wählen Sie die Schaltfläche „Add".

Hierdurch ist es Ihnen möglich, siehe Abbildung A-3, an relevante Daten zu gelangen. Das Host-System agiert wie ein freigegebener Ordner in einem Netzwerk. Durch den Einsatz eines „Shared Folder" ist es möglich, die Portabilität der virtuellen Maschine zu steigern.

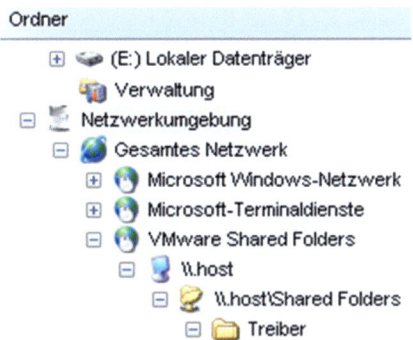

Abbildung A-3: Verzeichnisstruktur des Shared Folder im Explorer

Überprüfungen der Performance

Quintessenz dieses Versuches bildet der Bezug zwischen einem realen und virtualisierten System. Die Überprüfung der Systemkomponenten ist ein außerordentlich wichtiger Aspekt bei der Bereitstellung von Ressourcen in einem IT-Unternehmen. Um die Performance eines virtualisierten Systems zu ermitteln, müssen Sie es einem realen System gegenüberstellen. Hierbei muss die Vergleichbarkeit der Testumgebung gewährleistet werden.

Außerdem sollten Sie präzise agieren, um den Arbeitsspeicher des Gast-Systems zu konzipieren.

Dimensionierung des Arbeitsspeichers:

Als Bemessungsgrundlage der Hardwareressourcen auf Basis einer virtuellen Maschine, die in Abhängigkeit einer realen Maschine steht, ist die folgende Formel gegeben:

$$Y = \frac{x}{2n}$$

- Y = Sei die Größe des zu bemessenden Arbeitsspeichers für das Gast-System
- x = Sei die verfügbare Größe des realen Arbeitsspeichers im Host-System
- n = Sei die Anzahl der virtuellen Maschinen

Der Arbeitsspeicher des Gast-Systems kann wie folgt eingestellt werden.

- Gehen Sie in der Symbolleiste auf „VM" und danach zu „Settings". Unter dem Punkt „Memory" ist es möglich, den zuvor ermittelten Arbeitsspeicher zu dimensionieren.

Die Leistungsfähigkeit eines Netzwerks ist mittels eines Benchmarks zu überprüfen. Im Punkt „Netzwerk-Bandbreite" der Benchmarksoftware „SiSoftware-Sandra" sind folgende Werte einzustellen:

- Die Domäne sei „ARBEITSGRUPPE".
- Als Host-System ist der dedizierte Server „DST-XPCT11" zu wählen.

Laufwerke konfigurieren

Das optimale Sizing ist eine Thematik, die bei Unternehmen, Administratoren und Rechenzentren von großer Bedeutung ist. Da in der Vergangenheit kein vergleichbarer Lösungsweg existierte, musste man mit einer intuitiven Abschätzung die Rechnerressourcen ermitteln. Dies ist zwar mit geringem Aufwand zu bewältigen, aber nicht sehr genau. Aus diesem Grund muss das Sizing nachträglich verändert werden.

Um Sie auf die Thematik der Festplattenkonfiguration vorzubereiten, werden im Folgenden die wichtigsten Dateien einer virtuellen Maschine aufgelistet.

vmdk:

Die „vmdk" Dateien sind die virtuellen Festplattendateien, in welchen der komplette Inhalt der virtuellen Maschine abgebildet wird.

vmsn:

Dateien mit der Endung „vmsn" sind Momentaufnahme-Statusdateien, in denen der aktive Zustand einer Momentaufnahme der virtuellen Maschine gespeichert wird.

vmss:

Der Zustand einer angehaltenen virtuellen Maschine wird in den „vmss" Dateien festgehalten.

vmx:

In diesen Dateien wird die Konfiguration der virtuellen Maschine abgespeichert.

Wie ein Laufwerk in einer Batchdatei zu konfigurieren ist, gibt das folgende Beispiel an:

- „D:\Virtual\VMWare\vmware-vdiskmanager.exe" -c -t 2 -s 50GB -a buslogic
  „D:\Images\Laufwerk.vmdk"

1. Laufwerke konstruieren

Damit einem virtuellen System ein Laufwerk hinzugefügt werden kann, muss der folgende Schritt angewandt werden:

- Öffnen Sie den Unterpunkt „Settings" und wählen Sie die Befehlsschaltfläche „Add".

Eine erfolgreiche Integration der virtuellen Festplatte stellt sich wie in Abbildung A-4 dar.

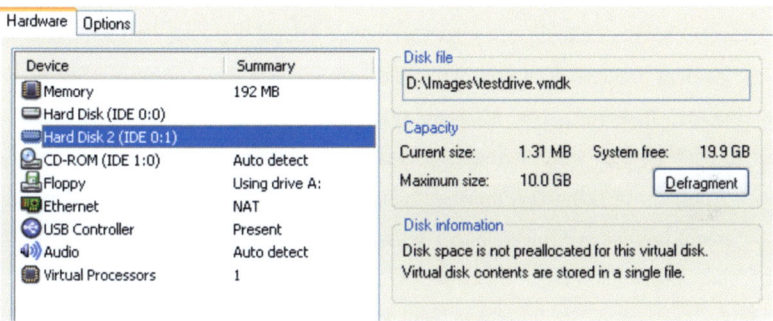

Abbildung A-4: Anzeige der Informationen über das erstellte Laufwerk

2. Bestehende Laufwerke erweitern

Die Vergrößerung des Laufwerks kann im Gegensatz zu einer realen Festplatte nur in der Virtualisierung realisiert werden. Damit Sie eine Festplatte in einem virtuellen System initialisieren und konvertieren können, gehen Sie wie folgt vor.

- Klicken Sie mit der rechten Maustaste in das Feld der noch nicht zugewiesenen Festplatte und wählen die Option „Neues Volumen".

Momentaufnahmen managen

Dieser Abschnitt des Versuches befasst sich mit der Problematik von Momentaufnahmen. Gerade bei Unternehmen in der Informationstechnologie ist festzustellen, dass eine große Bedeutung der Sicherung bestehender Systeme zugeschrieben wird. Ein Beispiel für den Einsatz von Momentaufnahmen sind diejenigen Vorhaben in der Industrie, bei denen riskante Änderungen in einer virtuellen Maschine vorgenommen werden. Sollten danach Probleme auftreten, kann der Status einer virtuellen Maschine einfach wiederhergestellt werden. Durch das Konzipieren von Momentaufnahmen als Sicherung kann somit der Verlust von Arbeitszeit minimiert werden.

1. Momentaufnahmen in einem linearen Prozess

Als ersten Schritt konstruieren Sie eine Momentaufnahme, um den Status der virtuellen Maschine an einem neuralgischen Punkt zu sichern. Zu einem späteren Zeitpunkt können Sie die Momentaufnahme beliebig oft wiederherstellen. Dieser Vorgang ist reproduzierbar und führt Sie zu dem gleichen Systempunkt zurück, an dem Sie eine Momentaufnahme getätigt haben. Bei der Erstellung von Momentaufnahmen in einem Entwicklungsprozess ist es besonders wichtig, dass jeder Vorgang in einzelnen Sequenzen gespeichert wird. Dies wird über den Einsatz von linearen Momentaufnahmen bewerkstelligt. So wird es Ihnen ermöglicht, in einem laufenden Projekt immer wieder neue Mechanismen zu integrieren, die zur Lösung eines Problems dienen. Es besteht die Möglichkeit permanent zu einem bekannten noch funk-tionierenden Projektstatus zurückzukehren. Kennzeichnend für den linearen Prozess ist, dass jede Momentaufnahme über ein übergeordnetes und untergeordnetes Element verfügt. Eine Ausnahme bildet der letzte Systemwiederherstellungspunkt, der über kein untergeordnetes Element verfügt, siehe Abbildung A-5.

- Der „Snapshot Manager" lässt sich mit den Tastenkombination „CRTL" + „M" aufrufen.

Das Symbol „You Are Here", welches sich kontinuierlich im „Snapshot Manager" befindet, zeigt den aktuellen und aktiven Zustand der virtuellen Maschine an. Letztlich stellt dieser Punkt keine Statusaufnahme dar, sondern den Zustand der virtuellen Maschine nach der Momentaufnahme des Stammsystems. Diesen Status können Sie weder ansteuern noch markieren.

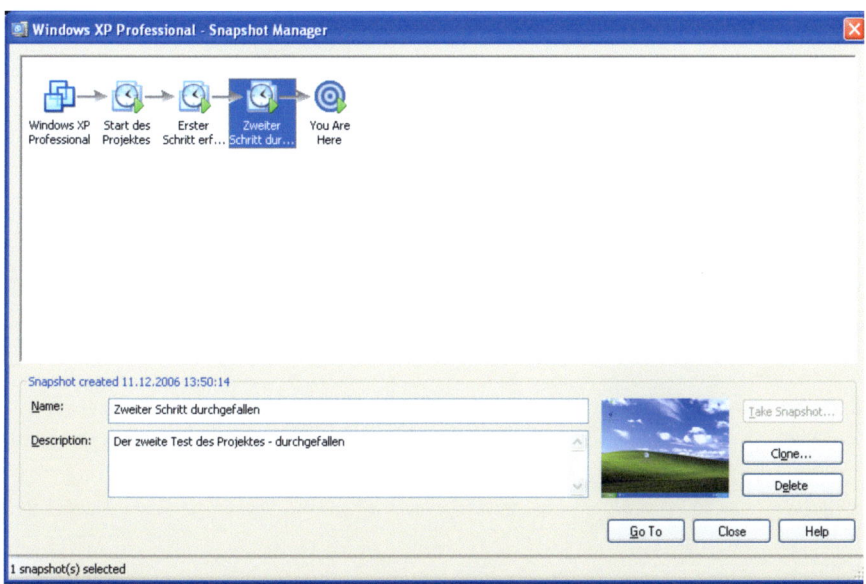

Abbildung A-5: Momentaufnahmen in einem linearen Prozess

2. Momentaufnahmen in einem Prozessbaum

Es gibt eine weitere Methode bei der Verwendung von Momentaufnahmen. Bei diesem Konzept wird nicht jeder Schritt eines Vorgangs in einer einzelnen langen Sequenz gespeichert. Hier wird im Gegensatz zur linearen Momentaufnahme eine Reihe von Sequenzen als Verzweigungen von einer einzelnen Basis eingeordnet. Diese Strategie der Systemwiederherstellung kommt häufig bei der Entwicklung von Softwareprojekten zur Anwendung.

Beispielsweise kann man in einem Prozessbaum Momentaufnahmen erstellen, bevor man verschiedenartige Ausführungen eines Programms installiert. Die verschiedenen Installationen gehen somit alle von einer gemeinsamen Basis aus. Es bildet sich eine charakteristische Baumstruktur, wie in Abbildung A-6 illustriert, die mit ihren Verzweigungen verschiedene Versionen eines neuralgischen Punktes besitzt. Signifikant für einen Prozessbaum ist, dass jede Momentaufnahme ein übergeordnetes Element besitzt. Allerdings kann ein Systemwiederherstellungspunkt auch über keine oder mehrere untergeordnete

Elemente verfügen.

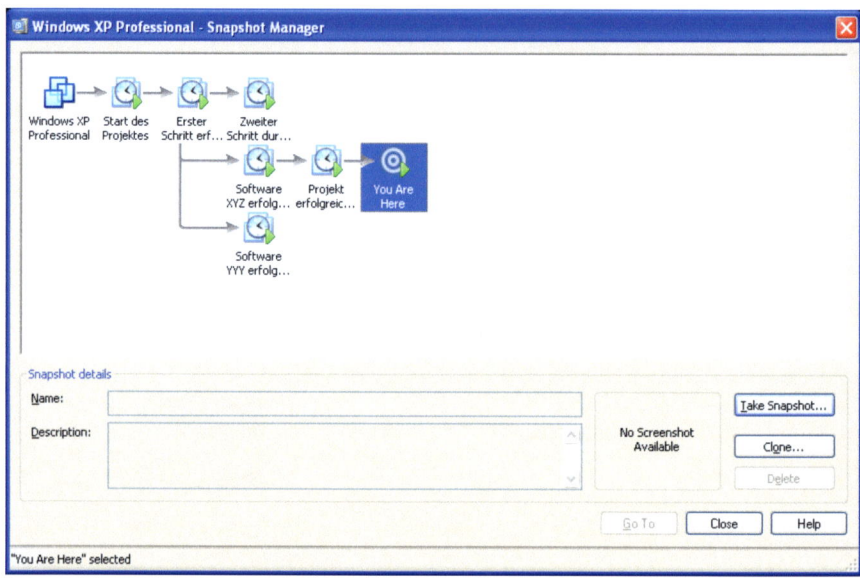

Abbildung A-6: Momentaufnahmen in einem Prozessbaum

Klonen einer Momentaufnahme

Eine weitere Möglichkeit ein System schnell zu sichern oder mit einem Systempunkt effizient und ökonomisch weiterzuarbeiten besteht in dem Verfahren, eine Momentaufnahme zu klonen. Hierbei sei anzumerken, dass ein verknüpfter Klon einen geringeren Speicherbedarf besitzt als das Original.

Klonen als Maßnahme zur Sicherung eines bestehenden Systems

Der Begriff Klonen stammt ursprünglich aus dem Griechischen und bezeichnet die künstliche Erzeugung identischer Einheiten. Mit dem Klonen kann man sehr schnell und sicher identische Systeme replizieren. Das Konzept des Vervielfältigens hält schon jetzt bei vielen Anwendungen der IT-Branche Einzug. Größere IT-Unternehmen nutzen den Vorgang, um bestimmte Muster zu replizieren oder sogar ganze Rechnerlandschaften zu konzipieren. Obgleich die Nachbildungen nicht real sind, ist es eine konventionelle Methode um analytisch ein praktisches Problem zu bewerten. Es kann gleichzeitig ein Lösungsansatz einer Aufgabe erprobt werden. Zugleich korreliert das Konzept des Klonens mit dem der Absicherung von bestehenden Systemen, so dass man bei der Erstellung von Sicherungen Ersteres nutzt.

Man kann eine virtuelle Maschine klonen und diese als Sicherung eines Systems anlegen. Hier stellt die Virtualisierung einen neuen Punkt des Fortschritts bei der Absicherung dar.

Derzeit existieren zwei unterschiedliche Verfahren zur Erstellung eines Klons. Als erstes ist das Konzipieren eines verknüpften Klons zu nennen. Die Verwendung eines solchen Klons minimiert den verwendeten Speicherplatz, da die Quellmaschine und der verlinkte Klon die Ressourcen gemeinsamen nutzen. Notwendig ist außerdem, dass dieser einen dauerhaften Zugriff auf die übergeordnete virtuelle Maschine erhält. Ohne eine bestehende Verbindung zum Ursprung ist ein verknüpfter Klon nicht funktionsfähig. Die bei der Erstellung von einem Quellsystem zur Verfügung stehenden Daten sind auch zukünftig für den verlinkten Klon verwendbar. Werden Modifikationen an der überstehenden virtuellen Maschine vorgenommen, wirken sich diese nicht auf den verknüpften Klon aus. Als Vorteil ist die Zeitersparnis zu nennen, die bei der Erstellung eines verlinkten Replikats gegenüber der Konzipierung eines vollständigen Klons entsteht. Ein komplett erstellter Klon ist die zweite Methode ein Duplikat zu erstellen. Dieses Verfahren ist unabhängig im Bezug auf seinen Ursprung. Eine permanente Verbindung zu der überstehenden virtuellen Maschine ist nicht mehr erforderlich. Negativ zu bewerten ist der größere Speicherbedarf und die zeitintensive Erstellung eines vollständigen Klons. Die Abbildung A-7 zeigt die im Versuch replizierten virtuellen Maschinen in dem Virtualisierungsprogramm „VMware Workstation".

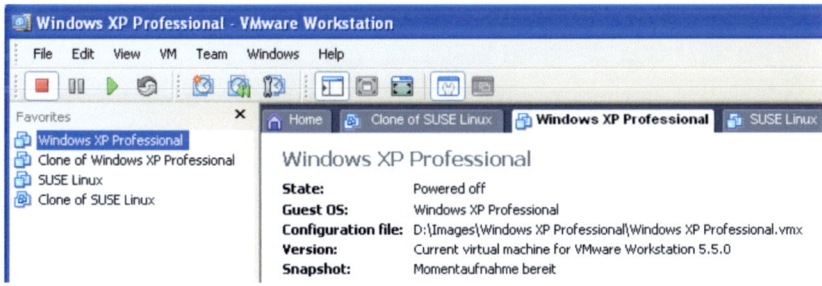

Abbildung A-7: Anzeige des abgeschlossenen Vorgangs des Klonens virtueller Systeme

Konsolidierung mehrerer virtueller Systeme

Die Konsolidierung ist derzeit das Schlagwort in der IT-Branche. Dabei werden mehrere verschiedene Systeme in ein System zusammengefasst. Dies hat unter anderem weit reichende Folgen für den Bereich der Analyse und Überwachung.

Eine Gelegenheit für IT-Unternehmen sich das Kundenverhalten möglichst realistisch zu betrachten, stellt das Analysieren quantitativ vieler Nutzer dar. Um möglichst viele Kunden in einem Testszenario zu realisieren, mussten bis vor kurzem Nutzer logistisch aufwendig analysiert werden. Dem entgegen kann man mit einem virtualisierten System eigene Testszenarien ohne großen Aufwand erstellen. Dies kann man in erstellten Rechnerlandschaften realisieren. Damit Sie ein Team erstellen können, gehen Sie wie folgt vor.

- Navigieren Sie in der Symbolleiste auf „File" und nachfolgend auf „New". Wählen Sie dann den Punkt „Team".

Entwurf eines virtuellen Netzwerk

Der Entwurf von virtuellen Netzwerken bietet Ihnen höchstmögliche Flexibilität bei der Konstuktion von Systemen. Sie können mit jeder virtuellen Maschine eines Teams intern und extern kommunizieren. Weiterhin ist es möglich, ein komplettes Netzwerk innerhalb eines Teams isoliert aufzubauen. Diese Methode unterliegt bis zu einem gewissen Grad den Bedingungen einer demilitarisierten Zone (DMZ). Das Konzipieren von virtuellen Maschinen in einem isolierten privaten Netzwerk ist auch unter dem Begriff „LAN Segment" bekannt. Verwendung findet eine solche Methodik der Netzwerkkonstruktion in Multitier-Architekturen, Netzwerkleistungsanalysen sowie in weiteren Konstellationen, in denen es auf Isolation ankommt. Das virtuelle Netzwerk kann völlig autark zu anderen Netzwerken existieren und dabei nicht identifiziert werden. Um sich einen präzisen Überblick zu den Einstellungsmöglichkeiten eines virtuellen Netzwerks zu verschaffen, verfahren Sie wie folgt.

- Gehen Sie in der Symbolleiste auf „Edit" und danach zum Punkt „Virtual Network Settings".

Besteht die Notwendigkeit, die IP-Adresse zu ändern, kann die untenstehende Vorgehensweise gewählt werden:

- In der Windowssymbolleiste gehen Sie unter „Start" auf „Netzwerkverbindungen" und wählen „LAN-Verbindung" aus. In dem Reiter „Allgemein" ist auf die Option „Eigenschaften" zu gehen. Wählen Sie dann „Internetprotokoll (TCP/IP)" und be-nutzen Sie die Schaltfläche „Eigenschaften".

Zur Vorstellung weiterer Konzepte werden diese erläutert sowie nachfolgend der Sachverhalt mit Bildern unterstrichen.

Bridged-Netzwerk

In einem Bridged-Netzwerk werden die virtuellen Maschinen als eindeutig im Netzwerk identifiziert. Dabei wird der virtuelle Netzwerkadapter der virtuellen Maschine mit dem Hardware-Ethernet-Adapter des Host-Computers verbunden. Mit diesem Konzept ist es möglich, eine virtuelle Maschine über den Ethernet-Adapter des Host-Computers an das externe Netzwerk anzuschließen. Für erweiterte Konfigurationen, wobei Anschlüsse an mehreren Hardware-Ethernet-Adaptern des Host-Systems erforderlich sind, können zusätzliche virtuelle Bridges implementiert werden. Wie in Abbildung A-8 illustriert, ist das System über eine virtuelle Bridge mit dem Host-Adapter verbunden. Dabei ist die virtuelle Maschine mit einer eigenen IP- und MAC-Adresse mit dem externen Netzwerk verbunden.

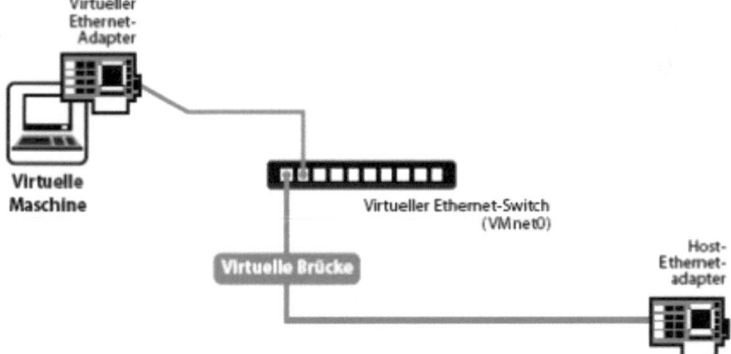

Abbildung A-8: Darstellung eines Bridged-Netzwerks

Netzwerkadressübersetzung

In diesem Konzept nutzen die virtuellen Maschinen die IP- und MAC-Adresse des Host-Rechners gemeinsam. Des Weiteren findet eine gemeinsame Netzwerkkennung von Host und virtuellen Maschinen Anwendung. Dieses ist von außen nicht sichtbar. Der Einsatz einer

Netzwerkadressübersetzung findet dann Verwendung, wenn beispielsweise nur eine IP- oder MAC-Adresse zur Verfügung steht. Dieses Konzept wird nachfolgend in Abbildung A-9 dargestellt.

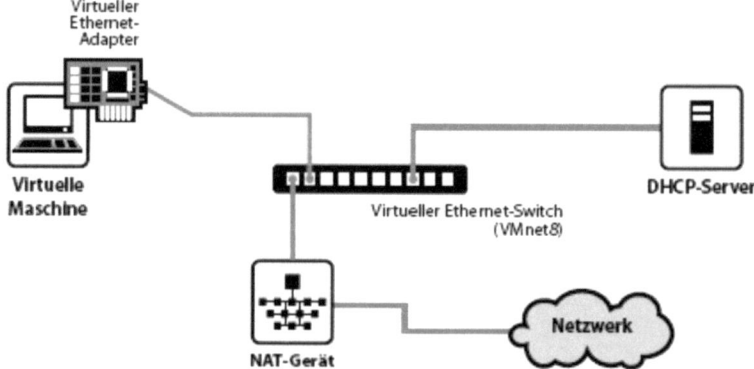

Abbildung A-9: Einfache Darstellung einer NAT

Host-Only-Netzwerk

Das wahrscheinlich bedeutendste Konzept für die Erstellung eines virtuellen Netzwerks unter dem Aspekt eines Testszenarios ist das Host-Only-Netzwerk. Bei dieser Konstruktion ist ein Netzwerk nur innerhalb des Host-Computers existent. Des Weiteren gewährleistet die Konfiguration, dass nur dem Host sowie den virtuellen Maschinen das Netzwerk zugänglich gemacht wird. Dieses Konzept kommt hinsichtlich der Netzwerkisolierung dann zum Einsatz, wenn ein virtuelles Netzwerk zu maskieren ist. Ein Angreifer kompromitiert zum Beispiel über ein externes Netzwerk den Host-Rechner. Dem Attackierenden ist es nicht möglich, die virtuellen Maschinen über das virtuelle Netzwerk anzugreifen, da dieses maskiert wurde. Ebenfalls sind die virtuellen Maschinen und der Host über einen virtuellen Ethernet-Adapter des Host-Only-Netzwerkes verbunden. Die verwendeten IP-Adressen in der virtuellen Maschine werden vom „VMware-DHCP-Server" zugewiesen. Die virtuellen Maschinen sind mit dem virtuellen Host-Adapter verbunden, wie deutlich in Abbildung A-10 abstrahiert wird.

Host-Only-Netzwerke

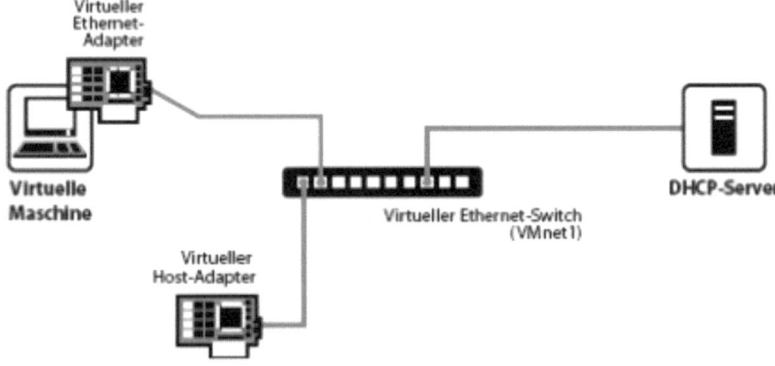

Abbildung A-10: Illustration eines Host-Only-Netzwerks

Migration von physischen zu virtuellen Systemen

Im Schlussteil soll das Konzept der Migration von physischen zu virtuellen Systemen angesprochen werden. Das Portieren von Systemen ist ein signifikanter Vorteil der Virtualisierung. Obgleich man physische in virtuelle Systeme migriert oder der Vorgang reversibel ausgeführt wird, bleibt dies ein wichtiger Faktor bei der Konvertierung der Infrastruktur. Bei einem Migrationsprozess sind zudem keine Ausfallzeiten des Host-Systems zu erwarten. Außerdem ist es möglich, dass ohne jegliche Unterbrechung das Quellsystem Dienste für die Kunden anbieten kann. Ein weiterer Vorteil des Migrationsprozesses ist das Klonen von einer entfernten Konsole. Die Migration von Maschinen ist realisierbar ohne den manuellen Einsatz einer Boot-CD oder der physischen Präsenz der Quellmaschine. Ebenfalls ist es denkbar, eine Migration von einem erstellten Image aus zu konzipieren. Als Beispiel kann man sich folgendes hypothetisches Szenario vorstellen. Ein Server muss im laufenden Betrieb ohne Verluste überführt werden. Dies kann man nur mit dem Einsatz der Virtualisierung zeitnah und ohne Downzeiten bewältigen. Es besteht weiterhin die Möglichkeit, mit dem Konzept das System auf kritische Prozesse zu untersuchen. Das heisst, man kann Server in virtuelle Maschinen portieren und dort eventuelle Engpässe oder Abbrüche simulieren. Ebenso ist es nicht mehr erforderlich, ein komplettes neues Host-System in einer virtuellen Maschine zu installieren. In der Abbildung A-11 werden mögliche Szenarien einer Migration dargestellt. Die mannigfaltigen Einsatzmöglichkeiten der eingesetzten Migrationssoftware „VMware Converter" gilt es zu beachten.

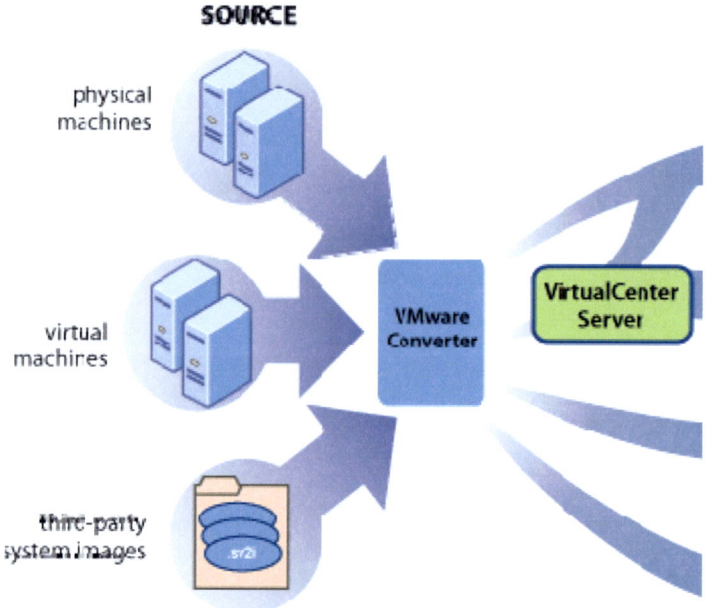

Abbildung A-11: Mögliche Szenarien einer Migration

5 Versuchsdurchführung Teil I

5.1 Analyse des Host-Systems

Aufgabe:

Zu Beginn des Versuches sollen das Host-System untersucht und dessen
mittelt werden.

Hinweis:

Achten Sie bei der Installation des Arbeitsspeichers darauf, dass dieser sich nicht im „Dual Channel Modus" befindet.

Durchführung:

1. Starten Sie Ihren Host-Rechner und öffnen Sie das Programm „SiSoftware-Sandra".
2. Analysieren Sie das gesamte Host-System. Gehen Sie dazu in den Reiter „Hardware-Informationen" wählen Sie den Punkt „Computer-Gesamtübersicht" aus.
3. Ermitteln Sie die in „Tabelle 1" geforderten Werte der Systemkomponenten.
4. Testen Sie die Performance des Host-Rechners., indem Sie sich zum Reiter „Benchmarks" begeben. Notieren Sie die Werte, welche in „Tabelle 3" untergliedert werden.
5. Schalten Sie den Host-Rechner aus und installieren Sie den zusätzlichen Arbeitsspeicher. Anschließend starten Sie den Computer neu.

5.2 Installation und Konfiguration einer virtuellen Maschine

Aufgabe:

Installieren und konfigurieren Sie im zweiten Punkt des Versuches die Virtualisierungssoftware. Zudem sind mehrere virtuelle Maschinen in die Virtualisierungslösung von „VMware" zu integrieren.

Ziel:

Mit den virtualisierten Systemen soll im späteren Verlauf des Versuches experimentiert werden. Des Weiteren sollen die Gast-Systeme erstmalig auf ihre Funktionalität überprüft werden.

Hinweise:

Wenn Sie eine virtuelle Maschine verlassen, um beispielsweise wieder auf das Host-System zu gelangen, müssen Sie die Tastenfolge „CRTL" + „ALT" tätigen. Um eine virtuelle Maschine zu beenden, müssen Sie zuerst das laufende Betriebssystem des Gast-Systems herunterfahren.

Durchführung:

1. Öffnen Sie die Datei „VMware-Workstation.cmd" auf der DVD.

2. Starten Sie nach der Installation das Programm „VMware Workstation".

3. Verschaffen Sie sich einen Überblick und fügen Sie nachfolgend eine virtuelle Maschine hinzu (siehe Grundlagen „Installation und Konfiguration einer virtuellen Maschine"). Navigieren Sie zum Verzeichnis „D:\Images\Windows XP Professional\" und wählen die Datei „Windows XP Professional.vmx".

4. Fügen Sie als nächstes die virtuelle Maschine Ihren Favoriten hinzu.

5. Begeben Sie sich in die Favoritenliste und starten Sie „Windows XP Professional."

6. Notieren Sie die in der „Tabelle 2" geforderten Werte, welche der Systemsteuerung der virtuellen Maschine zu entnehmen sind. Verändern Sie anschließend den Computernamen, indem Sie hinter diesem „VM" und Ihre Arbeitsplatznummer ergänzen.

7. Installieren Sie die „VMware-Tools" mit der nachfolgenden Option „Complete".

8. Nach dem Neustart des Gast-Systems stellen Sie die Anzeige auf 800 * 600 Pixel ein.

9. Öffnen Sie erneut die Systemsteuerung und vergleichen Sie die Werte in der „Tabelle 2". Diskutieren Sie das Ergebnis!

10. Fügen Sie nun eine weitere virtuelle Maschine Ihrer „Workstation" hinzu.

11. Navigieren Sie in den Ordner „D:\Images\SUSE Linux\" und wählen die Datei „SUSE Linux.vmx". Fügen Sie diese virtuelle Maschine ebenfalls ihren Favoriten hinzu. Testen Sie die virtuelle Maschine von „Suse" und schalten Sie diese dann wieder aus.

5.3 Shared Folder konstruieren

Aufgabe:

In der dritten Aufgabe soll eine Verbindung zwischen dem Host- und dem Gast-System mittels eines „Shared Folders" konzipiert werden.

Ziel:

Das isolierte, virtualisierte System soll durch einen „Shared Folder" mit dem Host-System verbunden werden, um somit an relevante Daten zu gelangen.

Hinweis:

Die Einstellungen in diesem Versuch erfolgen fast ausnahmslos auf dem Windows Gast-System.

Durchführung:

1. Markieren Sie die virtuelle Maschine „Windows XP Professional" in der Favoriten-liste. Richten Sie in dieser Maschine einen „Shared Folder" ein (wie in den Grundlagen im Punkt „Shared Folder konstruieren" beschrieben).

2. Wählen Sie den Ordner „D:\Treiber" aus und geben ihm den Namen „Treiber". Verwenden Sie im nachfolgenden Dialog den Punkt „enable this Share".

3. Öffnen Sie den Explorer im Gast-System, indem Sie mit der rechten Maustaste auf „Start" klicken. Wählen Sie den freigegebenen Ordner „Netzwerkumgebung\GesamtesNetzwerk\VMware-Shared-Folders\host" aus.

4. Kopieren Sie die im Ordner „Treiber" befindliche Software sowie die Daten in das Verzeichnis „C:\Treiber" des Gast-Systems.

5. Installieren Sie das Programm „SiSoftware-Sandra" mit den üblichen Einstellungen in Ihrem Gast-Betriebssystem mit dem Ziel „C:\Programme\SiSoftware".

6. Erläutern Sie den Vorteil eines solchen „Shared Folders".

5.4 Kontext zwischen realen und virtualisierten System

Aufgabe:

Es besteht in diesem Abschnitt die Aufgabe, die Systemkomponenten des Host-Systems mit denen des Gast-Systems mittels des Programms „SiSoftware-Sandra" zu vergleichen.

Ziel:

Die Strategie der Virtualisierung soll durch den Vergleich zwischen einem realen und einem virtualisierten System dargelegt werden.

Durchführung:

1. Starten Sie das Programm „SiSoftware-Sandra" in Ihrem Gast-System und führen Sie eine entsprechende Analyse im Reiter „Hardware-Informationen" durch.

2. Ermitteln Sie die in „Tabelle 1" geforderten Werte und diskutieren Sie das Ergebnis!

5.5 Überprüfungen der Performance

Aufgabe:

In diesem Abschnitt des Versuches wird eine Überprüfung der Performance vom Gast-System durchgeführt.

Ziel:

Mittels der durchzuführenden Benchmarks können Sie feststellen, in wie weit sich das virtualisierte vom realen System hinsichtlich der Leistung unterscheidet.

Durchführung:

1. Bemessen Sie den Arbeitsspeicher der virtuellen Maschine nach der Ihnen bekannten Formel. Schalten Sie das Gast-Betriebssystem „Windows XP Professional" aus und dimensionieren Sie den zugewiesenen Arbeitsspeicher.
2. Starten Sie die virtuelle Maschine und öffnen Sie das Programm „SiSoftware-Sandra". Gehen Sie zum Reiter „Benchmarks" und wählen Sie die in „Tabelle 3" geforderten Werte aus. Berechnen Sie die resultierende Differenz (in Prozent) und beurteilen Sie das Ergebnis kritisch.
3. Schalten Sie anschließend die virtuelle Maschine wieder aus.

5.6 Laufwerke konfigurieren

Aufgabe:

Es sollen nun Vorbereitungen auf die nächsten Aufgaben getroffen werden.

Ziel:

Mit dem Konzipieren einer Batchdatei ist es möglich, die nachfolgenden Aufgaben dieses Abschnitts zu realisieren (die virtuelle Festplatte konstruieren, vergrößern, transformieren und in ein bestehendes System einbinden).

Durchführung:

1. Zum Generieren neuer virtueller Festplatten müssen Sie die auf der DVD-ROM befindliche Batchdatei „Vdiskmanager.cmd" starten.

2. Öffnen Sie die Textdatei „D:\Images\Diskmanager.txt" auf dem Host-System, um sich über die vergebenen Parameter zu informieren.

3. Zum Ausführen des Dienstprogramms „VMware-Virtual-Disk-Manager" müssen Sie eine Batchdatei selbst schreiben. Dazu ist die entsprechende Batchdatei zu bearbeiten.

5.6.1 Laufwerke konstruieren

Aufgabe:

Zuerst soll eine virtuelle Festplatte konzipiert werden. Das erstellte Laufwerk ist anschließend in die Virtualisierungssoftware zu integrieren.

Ziel:

Ziel ist die Erstellung einer virtuellen Festplatte, um bei Bedarf weiteren Festplattenspeicher zur Verfügung zu stellen.

Hinweis:

Der „VMware-Virtual-Disk-Manager" befindet sich im Ordner
„D:\Virtual\VMWare\vmware-vdiskmanager.exe" auf dem Host-System.

Durchführung:

1. Bearbeiten Sie die Datei „Festplatte Testdrive erstellen.cmd" im Ordner „D:\Treiber".

2. Konzipieren Sie eine virtuelle Festplatte, die folgende Parameter besitzen soll:

> ➢ Die Größe soll mit 10 GB dimensioniert werden.
> ➢ Die virtuelle Festplatte besteht aus einer einzigen Datei.
> ➢ Der Typ ist eine erweiterbare virtuelle Festplatte.
> ➢ Der Name soll „Testdrive.vmdk" lauten.
> ➢ Das Zielverzeichnis ist der Ordner „D:\Images\".
> ➢ Das Laufwerk soll eine IDE-Festplatte sein.

3. Gehen Sie in das Zielverzeichnis „D:\Images\" auf dem Host-System und überprüfen Sie, wie groß der Speicherbedarf der Datei „Testdrive.vmdk" ist.

4. Notieren Sie den Speicherbedarf der virtuellen Festplattendatei in „Tabelle 4".

5. Fügen Sie die neu erstellte Festplatte Ihrem Windows-Gast-System hinzu.

6. Wählen Sie „Hard Disk" und anschließend „Use an existing Virtual disk".

7. Geben Sie den Pfad und den Namen für die von Ihnen erstellte Festplattendatei ein.

8. Kontrollieren Sie, ob sich nun in Ihrer Konfiguration eine weitere Festplatte befindet.

5.6.2 Bestehende Laufwerke erweitern

Aufgabe:

In einem zweiten Punkt soll der Speicher einer vorhandenen virtuellen Festplatte vergrößert werden.

Ziel:

Die Erweiterung einer vorhandenen virtuellen Festplatte ist das Ziel dieses Unterpunktes. Dadurch steht Ihnen weiterer Festplattenspeicher zur Verfügung. Zudem soll die Festplatte in das virtuelle System integriert werden, um die Funktionalität zu verifizieren.

Durchführung:

1. Im zweiten Teil dieser Thematik gelten nun neue Forderungen, die sich wie folgt darstellen:

    ➢ Die Größe der Festplatte ist nun 20 GB.
    ➢ Der Name der erstellten Festplatte ist erneut „Testdrive.vmdk".
    ➢ Das Zielverzeichnis der Festplatte soll „D:\Images\" sein.

2. Gehen Sie analog zur vorherigen Aufgabe vor. Der Name der Batchdatei lautet nun „Festplatte erweitern.cmd".

3. Kontrollieren Sie, ob Änderungen der Konfiguration Ihrer Festplatte erfolgt sind.

4. Schalten Sie die virtuelle Maschine ein und öffnen Sie anschließend die Datei „Datenträgerverwaltung.cmd" welche sich auf dem Desktop des Gast-Systems befindet.

5. Initialisieren und konvertieren Sie das neue Laufwerk.

6. Der Typ des neuen Volumens soll auf „Einfach" gestellt werden.

7. Weisen Sie der Festplatte einen freien Laufwerksbuchstaben zu.

8. Formatieren Sie die Festplatte mit NTFS und der Option „Schnellformat".

9. Vergewissern Sie sich, ob die Festplatte im Gast-System verfügbar ist.

10. Schalten Sie anschließend die virtuelle Maschine wieder aus.

5.6.3 Erweiterte Laufwerke expandieren

Aufgabe:

Vergrößern Sie die virtuelle Festplatte auf das 1,5 fache der real existierenden Festplatte.

Ziel:

Das Ziel dieser Aufgabe ist die Erweiterung einer konzipierten Festplatte auf einen größeren Wert als die auf dem Host befindliche Festplatte, um noch nicht vorhandene Ressourcen oder Komponenten verwenden zu können.

Durchführung:

1. Die erstellte Festplatte soll nun größer als das real existierende Laufwerk sein. Die zu bearbeitende Batchdatei lautet „Erweiterte Laufwerke expandieren.cmd". Für die Konfiguration sind die nachstehenden Forderungen bekannt:

   ➢ Die Größe ist das 1,5 fache der real existierenden Festplatte.
   ➢ Der Name der konzipierten Festplatte ist wiederum „Testdrive.vmdk".
   ➢ Das Zielverzeichnis der Festplatte soll „D:\Images\" sein.

2. Starten Sie Ihre virtuelle Maschine und überprüfen Sie das Ergebnis. Vergessen Sie nicht, das Laufwerk zu initialisieren, zu konvertieren und zu formatieren. Diskutieren Sie das Ergebnis und die daraus resultierenden Folgen.
3. Schalten Sie anschließend die virtuelle Maschine wieder aus.

5.6.4 Laufwerke transformieren

Aufgabe:

Sie sollen eine neu erstellte Festplatte in diesem Teilabschnitt transformieren.

Ziel:

Das Ziel ist die Umwandlung der Festplatte, um gegebenenfalls die Konfiguration einer bestehenden Festplatte ändern zu können.

Durchführung:

1. Eine virtuelle Festplatte wird umgewandelt: Dies ist mittels der Batchdatei „Festplatte Testdrive 2 erstellen.cmd" zu realisieren. Für die zu transformierende Festplatte gelten nun Forderungen die sich wie folgt darstellen:

> ➤ Konzipieren Sie eine neue virtuelle Festplatte.
> ➤ Die Größe der virtuellen Festplatte soll 5 GB betragen.
> ➤ Die Festplatte soll einen erweiterbaren virtuellen Typ haben.
> ➤ Bezeichnen Sie die zu erstellende Festplatte mit „Testdrive2.vmdk".
> ➤ Das Zielverzeichnis der Festplatte soll „D:\Images\" sein.
> ➤ Das Laufwerk ist eine IDE-Festplatte.

2. Transformieren Sie die soeben erstellte Festplatte „Testdrive2.vmdk" durch die Batchdatei „Laufwerke Transformieren.cmd" nach den untenstehenden Restriktionen:

> ➤ Der Typ der transformierten Festplatte ist ein vorreserviertes Laufwerk.
> ➤ Die Festplattendateien gilt es in jeweils 2 GB aufzuteilen.
> ➤ Die Bezeichnung der transformierten Festplatte lautet „Test drive3.vmdk".
> ➤ Das Zielverzeichnis der transformierten Festplatte soll „D:\Images\" sein.

3. Überzeugen Sie sich von dem Ergebnis der Transformation im Ordner „D:\Images\" Beurteilen Sie, ob sich an der Konfiguration Ihrer Festplatte etwas verändert hat.

5.6.5 Systeme in virtuelle Maschinen integrieren

Aufgabe:

Konzipieren Sie ein neues System und integrieren Sie dieses in Ihre Virtualisierungssoftware.

Ziel:

Durch die Erstellung eines kompletten Systems soll ein Vergleich zu den zuvor konzipierten virtuellen Festplatten aufgezeigt werden.

Durchführung:

1. Gehen Sie unter „File" auf „New" und wählen „Virtual Machine". Nutzen Sie die Option „Typical" für die virtuelle Maschine.

2. Wählen Sie als Gast-Betriebssystem „Windows XP Professional" aus.

3. Stellen Sie als Ort den Ordner „D:\Images\Testus" ein und bezeichnen Sie die zu erstellende virtuelle Maschine als „Testus".

4. Als Netzwerktyp stellen Sie „Use network address translation" ein. Weisen Sie Ihrem System eine Festplattenkapazität von 10 GB zu.

5. Wählen Sie keine zusätzlichen Optionen bis zur Fertigstellung des Projekts aus.

6. Fügen Sie die virtuelle Maschine Ihrem bestehenden Windows-Gast-System hinzu.

7. Wählen Sie „Add" und dann „Hard Disk" unter dem Punkt „Settings" aus.

8. Navigieren Sie danach auf „D:\Images\Testus\Windows XP Professional.vmdk", um das eben erstellte System in Ihrer Maschine zu verwenden.

9. Diskutieren Sie den Unterschied zwischen dem Einbinden von virtuellen Festplatten und dem von virtuellen Maschinen.

6   Versuchsdurchführung Teil II

6.1 Momentaufnahmen managen

6.1.1 Steuerung des Anhalte- und Fortsetzvorgangs

Aufgabe:

Sie sollen während der Installation einer Software den Anhalte- und Fortsetzvorgang tätigen.

Ziel:

Durch die Verwendung von Anhalte- und Fortsetzoption soll ein Verfahren gezeigt werden, dass eine Verbesserung der Durchführung selbst bei größten Installationen bewirken kann. Zudem sollen Sie praktisch erfahren, wie man bei der Anfertigung von Anhalte- und Fortsetzoption vorgeht.

Durchführung:

1. Starten Sie Ihr Windows-Gast-System und installieren Sie aus dem Verzeichnis „C:\Treiber" die Software „Adobe Reader 8.0" standardmäßig in „C:\Programme\".

2. Betätigen Sie während der Installation den Button „PAUSE".

3. Sobald sich die virtuelle Maschine im „Suspend Modus" befindet, gehen Sie auf „Resume" und führen Sie die virtuelle Maschine wieder aus.

4. Setzen Sie sich mit dem Ergebnis auseinander und stellen Sie Überlegungen an, in welchem Bereich diese Funktion hilfreich sein könnte.

6.1.2 Momentaufnahmen in einem linearen Prozess

Aufgabe:

Überprüfen Sie die Funktionalität der Software „Firefox 3.0" mehrmals und erstellen Sie jeweils ein Systemwiederherstellungspunkt in einem linearen Prozess.

Ziel:

Durch die Konzipierung eines linearen Prozesses sollen etwaige Stadien der Softwareentwicklung simuliert werden. Zudem wird eine lineare Momentaufnahme an einem neuralgischen Punkt angelegt, um den Status der virtuellen Maschine zu sichern.

Durchführung:

1. Gehen Sie zum Punkt „Snapshot Manager". Wählen Sie „Take Snapshot".

2. Benennen Sie die Momentaufnahmen in „Start des Projektes" um und tragen Sie als Beschreibung für den Systemwiederherstellungspunkt „Start des Projektes" ein.

3. Schließen Sie das Dialogfeld und installieren Sie die Software „Firefox-3.0 Alpha", welche sich in dem Verzeichnis „C:\Treiber" des Gast-Systems befindet, auf „C:\Programme\".

4. Testen Sie die Software „Firefox-3.0 Alpha" auf den ordnungsgemäßen Ablauf ihrer Funktionen. Hat die installierte Software den Test erfolgreich bestanden, konzipieren Sie eine neue Momentaufnahme.

5. Beschreiben Sie den Systemwiederherstellungspunkt mit „Der erste Test des Projektes – erfolgreich " und vergeben Sie den Namen „Erster Schritt erfolgreich".

6. Laden Sie die Software „Firefox-3.0 Beta" in Ihr System. Überprüfen Sie nun ein weiteres Mal das Programm auf Funktionalität.

7. Tätigen Sie eine dritte Momentaufnahme. Beschreiben Sie den neuen Systemwiederherstellungspunkt mit „Der zweite Test des Projektes – durchgefallen" und vergeben Sie den Namen „Zweiter Schritt durchgefallen".

8. Setzen Sie das System auf eine funktionierende Version der Software „Firefox-3.0 Alpha" zurück.

9. Steuern Sie den entsprechenden Systemwiederherstellungspunkt an und betätigen Sie die Schaltfläche „Go To". Testen Sie letztmalig die Software.

6.1.3 Momentaufnahmen in einem Prozessbaum

Aufgabe:

Installieren Sie die unterschiedliche Software isoliert voneinander und konzipieren Sie hierzu einen Prozessbaum.

Ziel:

Durch die erfolgreiche Erstellung von Momentaufnahmen in einem Prozessbaum und durch die Überprüfung der Software ist es möglich, diese am Ende der Aufgabe funktional zu nutzen. Nach diesem Versuch soll der Unterschied zwischen einem linearen Prozess und einem Prozessbaum bekannt sein.

Durchführung:

1. Gehen Sie auf den Punkt „Manage Snapshots for Virtual Machine".

2. Installieren Sie die Software „Pov Ray 3.6", welche sich im Ordner „C:\Treiber" befindet.

3. Kontrollieren Sie das Programm und verfassen Sie erneut einen Systemwiederherstellungspunkt. Die anzufertigende Momentaufnahme trägt die Bezeichnung „Software Pov Ray 3.6 erfolgreich!" und die Beschreibung „Der erste Test der Software Pov Ray 3.6 erfolgreich!".

4. Installieren Sie die Software „Framework 2.0 Alpha" und überprüfen Sie, ob die Zusammenarbeit funktioniert.

5. Gehen Sie nach der Verifizierung der Funktionalität von „Framework 2.0 Alpha" zurück auf den Systemwiederherstellungspunkt „Erster Schritt erfolgreich!".

6. Installieren Sie nun das auf die Software „Pov Ray 3.6" angepasste Programm „Framework 2.0 Beta".

7. Verfassen Sie eine Momentaufnahme mit der Bezeichnung „Software Framework 2.0 erfolgreich!" und der Beschreibung „Der erste Test der Software Framework 2.0 erfolgreich!".

8. Nachdem Sie die Software jeweils unabhängig voneinander erfolgreich installiert haben, gehen Sie zur Statusaufnahme „Software Pov Ray 3.6 erfolgreich!" zurück.

9. Installieren Sie nun die modifizierte Software „Framework 2.0 Beta" erneut. Überprüfen Sie, ob die Funktionalität gegeben ist und erzeugen Sie bei Erfolg eine letzte Momentaufnahme.

10. Geben Sie ihr den Namen „Projekt erfolgreich ausgeführt" und beschreiben Sie dies näher mit „Software Pov Ray 3.6 + Software Framework 2.0 - erfolgreich bestanden".

11. Diskutieren Sie abschließend das Ergebnis und stellen Sie Überlegungen an, wo man dieses Konzept am besten verwenden könnte.

6.1.4 Klonen einer Momentaufnahme

Aufgabe:

Duplizieren Sie eine zuvor erstellte Momentaufnahme.

Ziel:

Diese Teilaufgabe dient primär zur Vorbereitung auf die darauf folgende Thematik des Klonens. Zudem soll ein Bezug zwischen verlinktem und vollem Klon hergestellt werden.

Durchführung:

1. Schalten Sie ihr Gast-System aus und begeben Sie sich in den „Snapshot Manager". Konzipieren Sie eine Momentaufnahme mit der unten aufgeführten Spezifikation:

> ➤ Der Name des Aufnahmepunktes ist „Momentaufnahme bereit".
> ➤ Die Beschreibung ist „Momentaufnahme für Klonen bereit".

2. Markieren Sie den Systemwiederherstellungspunkt „Momentaufnahme bereit".

3. Benutzen Sie die Befehlsschaltfläche „Clone" und wählen Sie die Statusaufnahme „Momentaufnahme bereit" aus.

4. Wählen Sie „Create a linked Clone", um einen verknüpften Klon zu erzeugen.

5. Tragen Sie als Name „Linked Clone of a Snapshot" ein und als Zielort „D:\Images\Linked Clone of Windows XP Professional".

6.2 Klonen als Maßnahme zur Sicherung eines bestehenden Systems

Aufgabe:

Die Aufgabe besteht im Duplizieren von virtuellen Maschinen.

Ziel:

Sie sollen in diesem Versuch erfahren, wie Sie ein bestehendes System vervielfältigen können. Dies könnte Ihnen später zur Lösung komplexer Problematiken im Bereich der IT verhelfen.

Durchführung:

1. Beenden Sie die eventuell noch laufende virtuelle Maschine.
2. Wählen Sie die virtuelle Maschine „Windows XP Professional" in der Favoritenliste.
3. Navigieren Sie zum Punkt „VM" und suchen Sie den Unterpunkt „Clone".
4. Wählen Sie den Punkt „From Current State" und schalten Sie auf den Status „Create a full Clone" Belassen Sie die Bezeichnung der virtuellen Maschine.
5. Das Ziel soll „D:\Images\Clone of Windows XP" sein.
6. Dieselbe Vorgehensweise nutzen Sie, um die zweite virtuelle Maschine zu klonen. Die einzige Änderung ist im Status mit „Create a linked Clone" auszuführen, um einen verknüpften Klon anzufertigen. Änderungen an der Bezeichnung sind nicht vorgesehen.
7. Wählen Sie als Ziel des Duplikates „D:\Images\Clone of Suse Linux" aus.
8. Erörtern Sie, welche Vor- und Nachteile ein verlinkter Klon im Bezug auf einen vollen Klon besitzt.

6.3 Konsolidierung mehrerer virtueller Systeme

Aufgabe:

Ihre Aufgabe ist es nun, mehrere virtuelle Systeme in einem Verbund zu konzipieren. In der vorher aufgeführten Aufgabe erstellten Sie mehrere Klone. Um diese in einer Rechnerlandschaft zu etablieren, müssen Sie die Duplikate konfigurieren.

Ziel:

Das Ziel dieser Aufgabe ist das Konsolidieren der zuvor erstellten und geklonten virtuellen Maschinen in ein virtuelles Team. Das Ziel eines solchen Konzeptes ist es, ein möglichst realistisches Nutzerverhalten anhand von mehreren Kunden nachbilden zu können.

Durchführung:

1. Erstellen Sie ein Team. Als Teamname notieren Sie „Windows Team" und „D:\Images\Windows Team" suchen Sie sich als Ziel aus.
2. Wählen Sie die Schaltfläche „Add" und die Option „Existing Virtual Maschine".
3. Navigieren Sie danach zu dem Ordner, in dem sich Ihre Original „Windows Maschine" von „Windows XP Professional" befindet. Fügen Sie in einem nächsten Schritt die geklonte Maschine dem Team hinzu und gehen Sie auf „Weiter".
4. Im Dialogfeld „LAN-Segmente" gehen Sie auf „No", um keine weiteren LAN Bestandteile bereitzustellen.
5. Gehen Sie auf die Schaltfläche „Team" und wählen „Settings". Überprüfen Sie, ob in dem Reiter „Connections" für beide virtuelle Maschinen die Option „Bridge" eingestellt ist. Navigieren Sie zu den Reiter „Virtual Machines". Bestimmen Sie die Verzögerung zwischen zwei startenden Maschinen mit einer zeitlichen Differenz von 55 Sekunden.
6. Diskutieren Sie, warum Sie gerade diesen Wert aufnehmen sollten.
7. Reduzieren Sie den Arbeitsspeicher der in dem Team befindlichen virtuellen Maschinen. Verringern Sie diesen nach der Ihnen bekannten Formel.
8. Starten Sie Ihr Team, um sich von der Funktionalität zu überzeugen.
9. Beenden Sie anschließend Ihr „Windows Team", nachdem alle virtuellen Maschinen vollständig geladen wurden.
10. Konzipieren Sie ein weiteres Team. Der Name soll „Suse Linux Team" lauten und der Zielordner sollte „D:\Images\Suse Linux Team" sein.
11. Gehen Sie dazu analog zu Ihrem „Windows Team" vor mit dem Unterschied, dass Sie nun die beiden „Suse Linux Maschinen" auswählen.
12. Starten Sie Ihr Team, um sich von der Funktionalität zu überzeugen.
13. Beenden Sie danach Ihr „Suse Linux Team", nachdem dieses vollständig geladen wurde.

6.4 Entwurf eines virtuellen Netzwerkes

Aufgabe:

Entwerfen Sie ein virtuelles Netwerk innerhalb der virtuellen Maschinen. Überprüfen Sie, ob das Host-System und die Gast-Systeme angesteuert werden können.

Ziel:

Durch das konzipierte Netzwerk wird gezeigt, dass dieses völlig autark zu anderen Netzwerken existieren kann.

Durchführung:

1. Öffnen Sie die Datei „IP Adressen.cmd", welche sich auf der DVD befindet.
2. Gehen Sie in den Ordner „D:\Treiber" des Host-Systems und öffnen die Datei „Ip.txt". Notieren Sie sich die IP-Adresse unter dem selbigen Punkt im Ethernetadapter „LAN-Verbindung" in der Textdatei.
3. Starten Sie nun Ihr „Windows Team" und gehen Sie in die erste virtuelle Maschine.
4. Die auf dem Desktop befindliche Batchdatei „IP Adressen.cmd" ist zu öffnen. Navigieren Sie zum Ordner „C:\Treiber" des Gast-Systems und öffnen die Datei „Ip.txt". Gehen Sie wie oben beschrieben analog zum Host-System vor.
5. Navigieren Sie auf die zweite virtuelle Maschine.
6. Verändern Sie den Computernamen, indem Sie hinter diesem Ihre Arbeitsplatznummer ergänzen. Nach einem Neustart modifizieren Sie die IP-Adresse Ihres Klons zu „192.168.143.08X". Für „X" fügen Sie ebenfalls Ihre Arbeitsplatznummer hinzu. Als Subnetzmaske ist „255.255.255.0" einzugeben.
7. Öffnen Sie die Konsole und notieren Sie den Befehl „cmd". Schreiben Sie anschließend den Befehl „Ping IP-Adresse". Diese bezieht sich auf die von Ihnen in der ersten virtuellen Maschine notierte IP-Adresse. Überzeugen Sie sich von der Funktionalität.
8. Wechseln Sie in das Host-System. Öffnen Sie die Konsole und versuchen Sie die erste virtuelle Maschine mittels des „Ping Befehls" zu kontaktieren.
9. Gehen Sie im Anschluss in die Symbolleiste auf „Team" zum Punkt „Add". Wählen Sie die Option „LAN-Segment". Die Bezeichnung für dieses lautet „LAN-Segment 1". Die Bandbreite des Netzwerkes soll nicht begrenzt werden und Paketverluste sind nicht vorgesehen.

10. Im nächsten Schritt gehen Sie in die Symbolleiste auf „Team" zum Punkt „Settings". Wählen Sie nun das „LAN-Segment 1" statt „Bridge" für beide virtuelle Maschinen.

11. Navigieren Sie in das Host-System und versuchen Sie mittels „Ping Befehl" die erste virtuelle Maschine zu kontaktieren. Überzeugen Sie sich, ob eine Veränderung eingetreten ist. Abschließend gehen Sie in die zweite virtuelle Maschine und versuchen Sie die erste virtuelle Maschine zu kontaktieren.

12. Diskutieren Sie das Ergebnis und erörtern Sie, in welchen Einsatzfeldern dieses Konzept Anwendung finden kann.

6.5 Migration von physischen zu virtuellen Systemen

Aufgabe:

Migrieren Sie Ihr Host-System in ein virtuelles Gast-System. Weiterhin soll das virtualisierte System in die „VMware Workstation" integriert werden.

Ziel:

Im letzten praktischen Teil des Versuches sollen Sie aktiv bei der Umsetzung der Migration mitwirken und somit die Auswirkungen dieser Konzeption erfahren und erkennen.

Durchführung:

1. Gehen Sie auf die DVD-ROM und öffnen Sie die Datei „VMware-Converter.cmd".

2. Öffnen Sie durch Anwählen der Verknüpfung „VMware Converter" die Migrationssoftware und nutzen Sie anschließend die Option „Starter Edition".

3. Gehen Sie in der Symbolleiste auf „File" und anschließend auf „New" und „Import".

4. Im Verlauf wählen Sie die Option „Physical Computer", damit ein physisches System in ein virtuelles migriert werden kann.

5. Nutzen Sie danach die Option „This local Machine". Wählen Sie das „Volume C" sowie die Option „Min Size" aus. Nur die ausgewählte Partition wird in das virtuelle System migriert.

6. Nutzen Sie die Option „VMware standalone virtual machine".

7. Der Name für die virtuelle Maschine sei „Migration Windows XP". Als Zielverzeichnis geben Sie „D:\Images\Migration Windows XP" an.

8. Der Typ der zu konzipierenden Maschine soll „Workstation 5.x" sein. Wählen Sie nachfolgend den Punkt „Allow virtual disk file to grow" mit der Option „Split disk into 2 GB files". Bestimmen Sie den Punkt „NAT" für den ersten Netzwerkadapter im Dialogfeld „Networks". Weitere Adapter für das Netzwerk sind nicht vorgesehen.

9. Im letzten Teil des Migrationsprozesses sind keine weiteren Einstellungen zu treffen. Schließen Sie den Vorgang der Migration ab.

10. Öffnen Sie die „VMware Workstation" und integrieren Sie die migrierte Maschine.

11. Fügen Sie als nächsten Schritt die integrierte virtuelle Maschine den Favoriten hinzu.

12. Stellen Sie nach der Ihnen bekannten Formel den Arbeitsspeicher des migrierten Systems ein, um ein optimales Sizing herzustellen.

13. Mit dem Starten des migrierten Systems überprüfen Sie es auf Funktionalität.

14. Nach dem Bootvorgang kann eine Treiberneuinitialisierung notwendig werden.

15. Insofern alle Treiber initialisiert wurden, kontrollieren Sie die Auswirkungen in der Systemsteuerung. Installieren Sie im Anschluss die „VMware-Tools".

16. Überprüfen Sie erneut die Komponenten in der Systemsteuerung des migrierten Gast-Systems. Stellen Sie einen Kontext zu den zuvor getätigten Versuchen her.

Anhang B Versuchsauswertung

Die Musterlösung, die eine Referenz für den Versuch zur Virtualisierung bildet, wird in dem folgenden Kapitel beschrieben. Die unten aufgeführten Schritte wurden an einem zuvor konstruierten Experimentalrechner analysiert und verifiziert. Dieser operiert mit vergleichbarer Hardwareausstattung zu den Versuchsrechnern. Die daraus resultierenden Ergebnisse stellen eine Referenz zu den im Versuch erzielten Resultaten dar.

Versuchsdurchführung Teil I

Analyse des Host-Systems

Bei der Analyse der Host-Systems wurden die in der Tabelle B-1 aufgeführten Werte der Systemkomponenten ermittelt. Zudem werden in der Tabelle B-3 die empirisch gewonnenen Daten zur Performance des Host-Systems angegeben.

Tabelle B-1: Gegenüberstellung der Systemkomponenten des Host- und Gast-Systems

Versuch Virtualisierungstechnologien Tabelle 1		
Hardwareausstattung	Host-System	Gast-System
Prozessor		
Modell:	Intel Pentium D	1 * Intel Pentium D
Geschwindigkeit:	3.00 Ghz	3.00 Ghz
Mainboard		
System BIOS:	American Megatrends Inc.	Phoenix Technologies LTD 6.00
Mainboard:	ASUSTek Inc. P5LD2	Intel 440 BX
Chipsatz		
Modell:	ASUSTek Inc. 82945G	VMware Inc. 82443BX/ZX
Gesamtspeicher:	1 GB DDR2-SDRAM	192 MB EDO
Grafiksystem		
Adapter:	RADEON X300/X550	VMware SVGA II
Physische Speichergeräte		
Auswechselbares Laufwerk:	Diskettenlaufwerk	Diskettenlaufwerk
Festplatte:	Maxtor 6 K040L0 38 GB	VMware Virtual IDE Hard Drive

CD-ROM/DVD:	HL-DT-DVDRAM	HL-DT-DVDRAM
Hardwareausstattung	**Host-System**	**Gast-System**
Peripherie		
USB Controller/Hub:	Intel 82801 GB USB	Intel 82371 AB USB
Tastatur:	Standardtastatur 101/102 Tasten	Standardtastatur 101/102 Tasten
Maus:	Microsoft PS/2 Maus	VMware Pointing Device
Betriebssystem		
Windowssystem :	Microsoft Windows XP SP2	Microsoft Windows XP SP2
Netzwerkdienste		
Adapter:	Marvel Yukon 88E8053	VMware AMD PCNet Adapter
Adapter:		

Installation und Konfiguration einer virtuellen Maschine

Die in Aufgabe 5.2 des Versuches ermittelten Systemkomponenten vor der Installation der „VMware-Tools" sind in der Tabelle B-2 angegeben. In dieser Tabelle werden des Weiteren die Betriebsmittel nach der Optimierung des virtuellen Systems dargestellt. In der im Anschluss durchzuführenden Diskussion soll erörtert werden, dass durch den Einsatz der „VMware-Tools" weitere Treiber dem System hinzugefügt werden. Dadurch ist eine Optimierung des Systems hinsichtlich der spezifischen Gerätetreiber möglich. Weiterhin können nun mehr Geräte in der virtuellen Maschine verwendet werden. Zu erwarten ist ein eventueller Anstieg der Performance.

Tabelle B-2: Vergleich des virtuellen Systems vor und nach der Installation der „VMware-Tools"

Versuch Virtualisierungstechnologien Tabelle 2		
	VMware ohne VMware-Tools:	**VMware mit VMware-Tools:**
Grafikkarte:	Videocontroller (VGA-kompatibel)	VMware SVGA II
Mäuse und andere Zeigergeräte:	PS/2-kompatible Maus	VMware Pointing Device
SCSI- und RAID-Controller:	SCSI- und RAID-Controller	VMware SCSI-Device

	VMware ohne VMware-Tools:	VMware mit VMware-Tools:
Prozessoren:	Intel Pentium CPU 3.00 Ghz	Intel Pentium CPU 3.00 Ghz
Netzwerkadapter:	Ethernet-Adapter der AMD-Familie	VMware AMD PCNet Adapter
Laufwerke:	VMware Virtual IDE Hard Drive	VMware Virtual IDE Hard Drive

Shared Folder konstruieren

Die Vorteile des „Shared Folders" sind in der Aufgabe 5.3 des Versuches darzulegen. Genannt werden kann die Portabilität, die durch Minimierung von Software- und Datenintegration verursacht wird.

Kontext zwischen realen und virtualisierten System

In der Aufgabe „Kontext zwischen realem und virtualisiertem System" des Komplexversuches wird ein Bezug zwischen dem realen und virtualisierten System durch die Gegenüberstellung des Host- und Gast-Systems hergestellt, welches durch die in Tabelle B-1 ermittelten Werte gestützt wird. In einer abschließenden Diskussion soll zum einen eruiert werden, dass bestimmte Geräte in der Virtualisierung emuliert werden. Zum anderen wird auf die Hardware direkt Zugriff genommen, wodurch es in der Virtualisierung möglich ist, Betriebssysteme zum gleichen Zeitpunkt parallel zu verwenden. Kein System erhält exklusiven Zugriff auf die Hardware. Die virtuellen Maschinen können voneinander isoliert werden.

Überprüfungen der Performance

Die Differenz der Leistungsfähigkeit der beiden Systeme (reales und virtualisiertes System) soll in der Aufgabe 5.5 des Versuches untersucht werden. Die Ermittlung der Größe des Arbeitsspeichers ist nach der vorgegebenen Formel in den Grundlagen im Abschnitt „Dimensionierung des Arbeitsspeichers" zu berechnen. Da in diesem Versuch nur eine virtuelle Maschine zum Einsatz kommt und der reale Arbeitsspeicher des Host-Systems 1024 MB beträgt, ist der ermittelte Wert für das Gast-System genau 512 MB.

Nach der Überprüfung der Performance des realen und virtuellen Systems sind die Ergebnisse zu analysieren. Es gilt festzustellen, dass bei dem virtuellen System durch die Emulation der

Hardware die Leistung des Gast-Systems gemindert wird. Zusätzlich kann durch das Einfügen von Emulations-Codes zur Laufzeit sowie durch das Erkennen sensitiver Instruktionen die Leistung des realen Systems nicht erreicht werden (wie die in der Tabelle B-3 ermittelten Werte deutlich zeigen).

Tabelle B-3: Gegenüberstellung der Leistung des realen und des virtuellen Systems

Versuch Virtualisierungstechnologien
Tabelle 3

	Host-System:	Gast-System:	Differenz Host-Gast-System in %:
Prozessorleistung – Arithmetik			
Dhrystone ALU:	13455,00 MIPS	6527,00 MIPS	48,51 %
Whetstone iSSE2:	11105,00 MFLOPS	5375,00 MFLOPS	48,40 %
Prozessorleistung - Multi Media			
Integer x8 iSSE2:	34358,00 it/s	16619,00 it/s	48,37 %
Float x4 iSSE2:	39290,00 it/s	18994,00 it/s	48,34 %
Speicherbandbreite			
RAM Bandbreite Int Buff'd iSSE2:	3903,00 MB/s	3582,00 MB/s	91,78 %
RAM Bandbreite Float Buff'd iSSE2:	3901,00 MB/s	3599,00 MB/s	92,26 %
Triad:	3893,00 MB/s	3522,00 MB/s	90,47 %
Cache- und Speicher-Zugriff			
Kombinierter Index:	17056,00 MB/s	11463,00 MB/s	67,21 %
Geschwindigkeitsfaktor:	37,80	22,90	60,58 %
Netzwerkbandbreite			
Geschwindigkeit:	9974,00 kB/s	9122,00 kB/s	91,46 %
		Gesamt:	62,49 %

Laufwerke konfigurieren

In der Aufgabe 5.6 des Versuches sollen durch die Konzipierung von Batchdateien Festplatten erstellt, erweitert und transformiert werden. Die ermittelten Werte für den Speicherbedarf der konzipierten virtuellen Festplatten werden in der Tabelle B-4 dargestellt.

Tabelle B-4: Speicherbedarf der konzipierten virtuellen Festplatten

Versuch Virtualisierungstechnologien Tabelle 4	
Laufwerke konstruieren	
Real vorhandener Speicherbedarf	1344 KB
Bestehende Laufwerke erweitern	
Real vorhandener Speicherbedarf	2624 KB
Erweiterte Laufwerke expandieren	
Real vorhandener Speicherbedarf	7744 KB
Laufwerke transformieren	
Real vorhandener Speicherbedarf	5 GB

Laufwerke konstruieren

Eine virtuelle Festplatte ist in dem ersten Teil dieser Thematik (Aufgabe 5.6.1) zu erstellen. Die in der Aufgabenstellung zu realisierende virtuelle Festplatte ist mit den folgenden Parametern zu realisieren:

- „D:\Virtual\VMWare\vmware-vdiskmanager.exe" -c -t 0 -s 10GB -a IDE „D:\Images\testdrive.vmdk"

Bestehende Laufwerke erweitern

Im nächsten Abschnitt ist die konzipierte virtuelle Festplatte mit den in der Aufgabe 5.6.2 stehenden Restriktionen zu realisieren. Um diese Aufgabe durchzuführen, sind die untenstehenden Werte in die Batchdatei einzutragen.

- „D:\Virtual\VMWare\vmware-vdiskmanager.exe" -x 20GB „D:\Images\testdrive.vmdk"

Erweiterte Laufwerke expandieren

In der Aufgabe 5.6.3 des Versuches ist die virtuelle Festplatte mit der 1,5 fachen Größe der realen Festplatte zu bemessen. Die dafür erforderlichen Parameter in der Batch-datei sind wie folgt zu definieren:

- „D:\Virtual\VMWare\vmware-vdiskmanager.exe" -x 60GB „D:\Images\testdrive.vmdk"

In einer abschließenden Diskussion ist zu erkennen, dass in der Virtualisierung nicht vorhandene Hardwareressourcen zur Anwendung kommen. Zukünftige Konfigurationen können konzipiert werden, ohne dass die Hardware dazu gegenwärtig ist.

Laufwerke transformieren

Eine virtuelle Festplatte ist im Abschnitt „Laufwerke transformieren" (Aufgabe 5.6.4 des Versuches) zu konzipieren und anschließend zu transformieren. Es müssen nachstehende Parameter in einer Batchdatei verfasst werden, um die Festplatte zu erstellen.

- „D:\Virtual\VMWare\vmware-vdiskmanager.exe" -c -t 0 -s 5GB -a IDE „D:\Images\testdrive2.vmdk"

Später ist die neu erstellte Festplatte mit den untenstehenden Werten zu transformieren:

- „D:\Virtual\VMWare\vmware-vdiskmanager.exe" -r „D:\Images\testdrive2.vmdk" -t 3 „D:\Images\testdrive3.vmdk"

Systeme in virtuelle Maschinen integrieren

In der Aufgabe 5.6.5 soll der Unterschied zwischen dem Einbinden von virtuellen Festplatten und dem von virtuellen Maschinen eruiert werden. Eine virtuelle Festplatte bildet nur ein Laufwerk ab und kann deswegen nur als solches verwendet werden. Weiterhin gilt zu nennen, dass bei dieser keine Systemkomponenten vorhanden sind beziehungsweise abstrahiert werden. Im Gegensatz dazu kann die konzipierte virtuelle Maschine als eigenständiges System agieren und zugleich als zusätzlicher Festplattenspeicher genutzt werden. Zudem sind virtuelle Hardwarekomponenten vorhanden, was eine Installation von Betriebssystemen begünstigt.

Versuchsdurchführung Teil II

Momentaufnahmen managen

Steuerung des Anhalte- und Fortsetzvorgangs

Der Einsatz des in der Aufgabe 6.1.1 des Versuches beschriebenen Anhalte- und Fortsetzvorgangs soll diskutiert werden. Hier sind lang andauernde Installationen zu nennen, die durch Unterbrechen beziehungsweise Anhalten nach bestimmten äquidistanten Abständen wieder fortgesetzt werden können. Einem Abbruch durch einen zeitintensiven Installationsvorgang kann somit entgegengewirkt werden.

Momentaufnahmen in einem Prozessbaum

Die Strategie der Systemwiederherstellung, welche in der Aufgabe 6.1.3 „Momentaufnahmen in einem Prozessbaum" zur Anwendung kommt, wird häufig bei der Entwicklung von Softwareprojekten verwendet. So ist es möglich, die Entwicklung und Validierung von Programmen isoliert voneinander zu testen. Fehler im Prozessbaum sind außerdem besser zu analysieren und zu neutralisieren. Des Weiteren können die Momentaufnahmen in IT-Unternehmen eingesetzt werden, um als Schutz vor riskanten Veränderungen zu dienen. Sollten bei der Modifikation von Software Fehler entstehen, kann der vorherige Zustand wiederhergestellt werden.

Klonen einer Momentaufnahme

Die Vor- und Nachteile eines verknüpften Klons im Hinblick auf einen vollen Klon sollen in Aufgabe 6.1.4 erörtert werden. Nachteilig ist die Abhängigkeit des verknüpften Systems von der überstehenden virtuellen Maschine. Vorteil eines verknüpften Klons ist der geringe Speicherplatzbedarf. Des Weiteren kann die schnelle Konzipierung solcher Klonvorgänge angesprochen werden.

Klonen als Maßnahme zur Sicherung eines bestehenden Systems

In der Aufgabe 6.2 des Versuches werden zwei Arten des Klonens erstellt. In den Überlegungen, welcher Bezug zwischen einem verlinkten und einen voll erstellten Klon besteht, ist der verknüpfte Klon als Replikat einer virtuellen Maschine zu nennen. Der verlinkte Klon ist dabei als abhängige Kopie zu betrachten. Dieser muss zudem dauerhaft über einen Zugang seiner übergeordneten virtuelle Maschine verfügen. Da der verknüpfte Klon souverän agiert, wirken sich Änderungen auf der übergeordneten virtuellen Maschine nicht auf einen verlinkten Klon aus. Der vollständige Klon hingegen ist unabhängig in Bezug auf seinen Ursprung. Diese Art eines Replikats nimmt zwar bedeutend mehr Speicherressourcen ein, hat aber den Vorteil, nicht permanent mit seiner Quelle in Verbindung stehen zu müssen.

Konsolidierung mehrerer virtueller Systeme

Bei der Erstellung eines virtuellen Teams, wie in der Aufgabe 6.3, ist eine zeitliche Verzögerung einzustellen. Diese wird mit 55 Sekunden beziffert, um die CPU-Auslastung so gering wie möglich zu halten. Würden alle virtuellen Maschinen in den Teams mit einem Mal gestartet, wäre der Prozessor überlastet. Folglich wird die Zeitdifferenz zwischen zwei Teams zur Lastverteilung eingesetzt. Die Reduzierung des Arbeitsspeichers berechnet sich nach der vorgegebenen Formel in den Grundlagen des Versuches. Da in diesem Versuch jeweils zwei virtuelle Maschinen in den virtuellen Teams zum Einsatz kommen und der reale Arbeitsspeicher des Host-Systems 1024 MB beträgt, ist der ermittelte Wert für jedes Gast-System 256 MB.

Entwurf eines virtuellen Netzwerkes

Im diesem Abschnitt ist der Entwurf eines virtuellen privaten Netzwerkes zu realisieren und weitere Einsatzmöglichkeiten zu suchen. Hier können die Multitier-Architektur und die Netzwerkleistungsanalyse genannt werden. Das Netzwerk kann völlig autark zu anderen Netzwerken existieren und dabei nicht identifiziert werden. Bei dieser Konzeption ist vor allem die Isolation der Netzwerke eine signifikante Determinante.

Anhang C Virtualisierungslösungen im Überblick

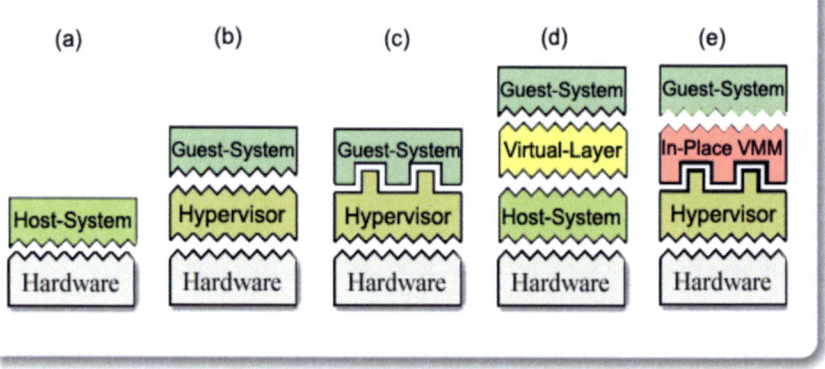

Abbildung C-1: Übersicht zu den mannigfaltigen Virtualisierungsarten unter dem Aspekt der Virtualisierungsarchitektur.

(a) Natives Verfahren - keine Virtualisierung;

(b) „Typ I Architektur" - „Hypervisor" und vollständige Virtualisierung;

(c) „Typ I Architektur" - „Hypervisor" mit Para-Virtualisierung;

(d) „Typ II Architektur"- Host-System und Virtualisierungsschicht;

(e) „Typ I Architektur" - Pre-Virtualisierung mit Para-Virtualisierung, „Hypervisor" und „In-Place Virtual Machine Monitor".

Einen Überblick zu den mannigfaltigen Virtualisierungsarten im Hinblick auf die Architektur wird in der Abbildung C-1 gegeben. Diese werden nun von links beginnend nachfolgend angesprochen [32].

- In der linken Abbildung wird ein natives Verfahren dargestellt, welches keine virtuelle Maschine impliziert.

- In der nächsten Abbildung wird eine „Typ I Architektur" mit „Hypervisor" illustriert. Die Art der Virtualisierung basiert auf der vollständigen Virtualisierung. Der „VMware Server" findet hier Verwendung.

- Die Para-Virtualisierung wird in der dritten Abbildung als Virtualisierungsart beschreiben. Bei dieser Technik erfolgt eine Anpassung an die API des verwendeten Betriebssystems, welches durch die verzahnten Linen dargestellt wird.
  Der Aufbau der Virtualisierungslösung ist die „Typ I Architektur". Ein bedeuteter Vertreter ist das Programm „XEN".

- In der nächsten Abbildung wird eine „Typ II Architektur" mit Host-System und „Hypervisor" dargestellt. Die Art der Virtualisierung basiert auf der vollständigen Virtualisierung. Ein Beispiel hierfür ist das Programm „VMware Workstation".

- Als letzte Abbildung wird die Pre-Virtualisierung auf einer eine „Typ I Architektur" abgebildet. Hierbei wird eine Para-Virtualisierung mit „Hypervisor" und dem „In-Place Virtual Machine Monitor" abgebildet. Dieser setzt die Hardwareschnittstelle auf das Interface der virtuellen Maschine um. Die dünn eingezeichneten Linien zeigen eine Schnittstelle ohne Privilegierungswechsel.

Tabelle C-1: Virtualisierungslösung im Überblick

Emulation

Programm\Hersteller	Technik	Beschreibung
WINE\ WineHQ	API- Emulation	Emuliert eine Win32 API unter Unix-Systemen, wie Solaris und Linux.
Java VM\ Sun Microsystems Inc.	API- Emulation	Die JVM arbeitet direkt mit dem Java-Bytecode und wird auf einem realen Rechner emuliert.
Hercules\ IBM Corporation	Emulation	Auf einer Intel-Architektur mit z/OS Betriebssystem wird ein zSeries-Rechner emuliert.
QEMU\ Fabrice Bellard	Emulation	QEMU ist ein CPU-Emulator für die Betriebs-systeme wie Linux, Windows, und Mac OS X.
Parallel Workstation\	Emulation	Erste Emulation für den Desktop-Bereich,

Parallels		die einen so genannten „Hypervisor" einsetzt.
Virtual PC\ Microsoft Corporation	Emulation	Emulator der eine Rechner-Architektur nachbilden kann. Mehrere Windows oder Linux Maschinen können abgespielt werden.

Virtualisierung

Programm\Hersteller	Technik	Beschreibung
VM370\ IBM Corporation	Virtualisierung	Ist das Prinzip von Multi-User-System, welches eine Vielzahl von Kopien der Single-User-Systeme in virtuellen Maschinen ausführt.
Virtuozzo\ SWsoft, Inc.	Virtualisierung	Dieses Programm kann Betriebssysteme virtualisieren und ist eine proprietäre Software.
VMware\ VMware Inc.	Virtualisierung mit „PreScan"	Virtualisiert eine Rechner-Architektur und bildet eine mannigfaltige Anzahl von virtuelle Maschinen nach.
XEN\ University of Cambridge	Para-Virtual-isierung mit Portierung	XEN bildet mittels „Hypervisor" und Para-Virtualisierung ein sehr performantes Beispiel der Virtualisierung.

Hardware-Virtualisierung

Prozessor/Hersteller	Technik	Beschreibung
Intel Vanderpool\ Intel Corporation	„VMX Modus"	Intel „Virtualization Technology" virtualisiert mittels „VMX Modus" die „Vanderpool" CPU.
AMD Pacifica\ Advanced Micro Devices	„SVM Modus", Nested Page Tables	Der AMD „Pacifica" kann durch „SVM Befehle" den Prozessor in den Modus zur Virtualisierung auf Prozessorebene setzen.

Anhang D Programmierung der Automatismen

Die speziell für den Versuch entworfen Batchdateien sollte eine schnelle und effizientere Durchführung des Versuches garantieren.

„VMware Workstation" autonome Installation:

@echo off

echo [VMware wird ins Zielverzeichnis extrahiert, bitte warten...]

FOR %%d IN (c: d: e: f: g: h: i: j: k: l: m: n: o: p: q: r: s: t: u: v: w: x: y: z:) DO IF EXIST %%d\VMware-workstation-5.5.0-18463.exe SET CDROM=%%d

%CDRom%\VMware-workstation-5.5.0-18463.exe /a /s /v"/qn Targetdir=C:\Temp"

@echo off

echo [VMware wird Installiert, bitte warten...]

@echo off

msiexec -i "C:\Temp\VMware Workstation.msi" INSTALLDIR="D:\Virtualisierung\VMware Workstation5.5" SERIALNUMBER="XXXXX-XXXXX-XXXXX-XXXXX" /norestart

Auslesen der Parameter des Dienstprogramms „VMware-Virtual-Disk-Manager":

"D:\Virtual\VMware\vmware-vdiskmanager.exe" > "D:\Images\Diskmanager.txt"

Automatischen Auslesen der IP-Adressen:

@echo off

echo [IP-Adressen werden ausgelesen, bitte warten...]

@echo off

C:\WINDOWS\system32\ipconfig.exe -all >D:\Treiber\Ip.txt

„VMware Converter" autonome Installation:

@echo off

echo [VMware-Converter wird in das Zielverzeichnis extrahiert, bitte warten...]

FOR %%d IN (c: d: e: f: g: h: i: j: k: l: m: n: o: p: q: r: s: t: u: v: w: x: y: z:) DO IF EXIST %%d\VMware-p2v-3.0.0-39557 SET CDROM=%%d

%CDRom%\VMware-p2v-3.0.0-39557 /a /s /v"/qn Targetdir=C:\Temp"

@echo off

```
echo [VMware-Converter wird Installiert, bitte warten...]
@echo off
msiexec   -i   "C:\Temp\VMware   Converter.msi"   INSTALLDIR="D:\Virtual\VMware-
Converter" DESKTOP_SHORTCUT=\"1\" DISABLE_AUTORUN="1" ADDLOCAL=ALL
/passive /norestart
```